明清

中琉

關係論集

陳捷先——著

三民書局

國家圖書館出版品預行編目資料

明清中琉關係論集／陳捷先著.－－初版一刷.－－臺
北市: 三民, 2019
　　面；　公分.－－(歷史聚焦)

ISBN 978-957-14-6637-8　(平裝)
1.中日關係 2.外交史 3.文集

643.107　　　　　　　　　　　　　108006846

Ⓒ　明清中琉關係論集

著 作 人	陳捷先
責任編輯	翁子閔
美術編輯	李唯綸
發 行 人	劉振強
著作財產權人	三民書局股份有限公司
發 行 所	三民書局股份有限公司
	地址　臺北市復興北路386號
	電話　(02)25006600
	郵撥帳號　0009998-5
門 市 部	(復北店)臺北市復興北路386號
	(重南店)臺北市重慶南路一段61號
出版日期	初版一刷　2019年6月
編　　號	S 640050

行政院新聞局登記證局版臺業字第〇二〇〇號

有著作權·不准侵害

ISBN　978-957-14-6637-8　（平裝）

http://www.sanmin.com.tw　三民網路書店
※本書如有缺頁、破損或裝訂錯誤，請寄回本公司更換。

前　言

　　中琉關係可謂源遠流長，中國隋唐時期雙方就有了交往接觸。降至西元十四世紀七十年代，明初洪武年間，中琉官方建立了正式的外交關係，此後五百年中，雖因政局變動，彼此仍維持封貢關係，大家誠信相處，一片和諧，堪稱世界邦交史上的一個好典範。兩國官私書檔中留下不少實狀紀錄，至今讀來，仍教人欽羨神往。

　　我對中琉關係史事極有興趣，過去寫過一些文章，現在把它們集印成書，內容大別有兩類：一是談中國明清時期與琉球的封貢關係，包括明初封貢制度的建立、清代雙方關係的加強以及琉人朝貢入京的實況行程等等。二是明清時期中華文化輸入琉球及其所生的影響，包括物質與精神方面的，如中國衣、食、住、行、樂、育東傳琉球的情形、琉球王室若干行政制度因受中國影響而發生的變革或創新以及中國特有文化產物《方志》與《族譜》在琉球的生根、茁壯等事實。直到今天，我們在琉球似乎還能看到中華文化的身影，當年影響之深，由此可見一斑。

　　這本小書今天能夠問市，我得感謝三民書局董事長劉振強先生的厚愛，因為他幫助我出版了此書。赤嶺守、陳龍貴、洪

麗萍三位先生的細心校對以及內子侯友蘭女士的多方協助，也
是我應該致上謝忱的。

　　至於書中的論點，可能有不盡理想的，尚請方家君子們賜
以指正。

謹識於加拿大溫哥華傍釋樓

明清中琉關係論集

目次

壹、

明清中琉封貢關係源流略考

一

在討論明清中琉封貢關係的源流之前，我以為有必要先考
察一下中國周代的封建制度。

在西元一千多年以前，中國是封建的社會，當時的社會以
土地制度為中心來確定人的權利與義務。根據專家學者的研究，
殷商末年中國已經有封建制度的事實了；不過到周朝以後才以
政治力量實行封建，因而封建制度才得以完備。[1]

周朝得天下以後，變成「溥天之下，莫非王土；率海之濱，
莫非王臣」的局面。[2] 土地與人民既為周天子所有，在當時想
要由一個人來統治天下是不可能的，於是分封天下便成了國策。
分封就是將統治之下的土地由周天子劃分成若干部分交由諸侯
以及一些功臣們來管理，除了周天子的「王畿」以外，其餘分
封出的土地概由諸侯所有，任由他們各自為政，各自治理他們
的封地。

諸侯們得到封地以後，也同時得到在那些土地上的人民，
所謂「受民受疆土」就是指此。[3] 諸侯在就封之前，周天子要
為他頒賜冊命，證明他是那塊土地上的統治者。頒賜冊命時，
周天子通常要說些訓勉被封人的話，例如「春秋匪解，享祀不
忒」，「格慎克孝，肅恭神人」，或是「用保乂民」、「用康保民」、

---

1. 請參閱瞿同祖，《中國封建社會》（臺北，里仁書局重印本，1984 年）。
2. 見《詩經》〈小雅〉，「北山之石」、「北山」。
3.《兩周金文辭大系》〈大盂鼎〉。

「皇天無親，惟德是輔；民心無常，惟惠是懷。為善不同，同歸於治；為惡不同，同歸於亂」等等，不外要諸侯們重視祭祀，好好治理國家，好好保護人民。[4] 當時的諸侯既是周天子所封，他們對周天子與周朝中央理應忠誠不貳，像「大啟爾宇，為周室輔」、「以蕃王室」都是說明諸侯對周朝的義務。[5] 等到頒賜冊書，諸侯將前往冊封地時，周天子還會設宴為他們餞行，並在宴前贈送他們一些禮物。禮物的種類很多，但常以乘車、牛馬、樂器、衣飾、旗幟、兵器等為主，遣使諸侯們有祭祀的用品，有征伐境內叛眾的武器，有合乎他們為統治者的服飾，以便統治封地。[6] 諸侯們被周天子分封以後，就率領著族人親屬等去封地。表面上，他們在自己的封地上有自主權，中央不干預他們的政務；不過周天子與諸侯間仍有很多的權利與義務關係。例如：

壹，諸侯需按期呈納貢賦：這是封建制度中最重要的一項關係。周天子雖然將土地分給了諸侯，一方面是希望諸侯為中央治理地方，另一方面也要求受封者獻出土地上生產物品的一部分，以示對中央的臣服與感恩。在封建制度中，諸侯納貢是天經地義的事，是一種不能不做的義務。《左傳》裡記載了魯僖公時楚國因沒有進貢包茅於王室被征討，楚國後來也承認不貢

---

4. 這類訓詞散見《詩經》〈魯頌〉；《尚書》〈周書〉、〈微子之命〉、〈康誥〉等處。

5. 請參看《詩經》〈魯頌〉，《周書》〈康王之誥〉，以及《國語》〈魯語上〉。

6. 散見《兩周金文辭大系》〈大盂鼎〉及《詩經》〈崧高〉、〈江漢〉等篇。

周室是不對的行為，所以楚王有「貢之不入，寡君之罪也」的認罪話語。**7** 至於諸侯所貢的物品，似乎只以當地的土產為主。穀梁氏有「古者諸侯時獻於天子以其國之所有」之說應該是可信的。左丘明說：「諸侯不貢車服，天子不求私財。」可見金銀車輛不是當時的貢品。**8** 周朝封建制度下的諸侯，大約地位高、封邑多的貢賦也多，「列尊貢重」應是事實。諸侯向中央的貢期如何，是一年一貢或多年一貢，由於資料不足，不能確知。

貳，諸侯需為中央服役：周朝的封建制下，諸侯對王室的役約有兩種：一為工役，一為兵役。工役如為周室建築王城等，諸侯如不願出力服此類工役，則被視為抗命而被認為有罪。兵役比工役更重要，也就是周天子的王室應由各諸侯保護。如周朝受到外族侵略時，或是王室本身發生內亂時，諸侯應該出兵援助。又諸侯當中有人不從王命，甚至謀叛王室時，其他諸侯為了維護王室威信，也應該出兵討伐叛逆，為王室恢復秩序，維持威權地位。

參，周天子與諸侯間的巡狩與朝聘：巡狩是天子巡行視察諸侯之國，看看各封地的民風、政治、禮樂制度等等，以了解他們治理封地的情形。朝聘則是諸侯在不定的時間中去中央朝覲周天子，或是派卿大夫代表諸侯去王室報聘，以報告他們在封地治理疆土與人民的概況。這些都是讓天子與諸侯有接見機會而規定的制度。諸侯不來朝是有罪的；不過諸侯由於負社稷

7.《左傳》〈僖公十五年〉。

8.《左傳》〈桓公十五年〉。

之責而不能親自來朝時是可以改派代表的,因此古書中常見諸侯派卿、大夫去中央納貢賦的事。**❾**

　　肆,天子對諸侯的一般頒賜:頒賜的原因很多,如諸侯對王室有功,周天子會賜他們服飾、器皿,或是賜他們新的土地,或是賜命,就是在諸侯生前或死後給他們榮譽,使他們的地位獲得提升。另有一種頒賜是喪事的送禮,送一些賵、賻珠、玉等等的物品,以表示對死者的情義與懷念。**❿**

　　伍,周天子與諸侯之間的互通慶弔:無論天子與諸侯家有喜慶之事,大家都應該表示祝賀,除派人致意外,還應贈送禮物。遇到天子崩逝時,中央先遍告天下諸侯,諸侯聞訊應立刻致賻,不送賻是不敬的。天子下葬時諸侯也應親自前往參加葬禮,不參加也是不敬。諸侯死亡時也得向天子報告,天子得訊後必派使者往弔,並且頒給賵賻。諸侯下葬時,天子也會派卿、大夫去參加葬禮。**⓫** 這種互通慶弔的關係,事實上也是以感情來維持封建制度的一種方法。

　　陸,天子與諸侯間也有發生通婚關係的,如天子娶諸侯女為妻,或嫁女子給諸侯,以使雙方關係更為親密,進而讓封建

---

9. 《左傳》〈襄公二十六年〉記諸侯使卿往聘為納貢賦稅事,所謂「將歸時事於宰旅,無他事矣」。「時事」者就是指「四時貢職」。

10. 請參看《公羊傳》〈隱公元年〉。文中記「車馬曰賵,貨財曰賻,衣被曰襚」。

11. 《公羊》、《穀梁》〈文公元年〉有魯僖公之喪,周天子使叔服來會葬,就是一種例證。

制度獲得更堅固的維繫。

　　以上幾點是周朝封建制度中的犖犖大者，我們有了這些概要的背景知識，相信可以來談談明清兩代中國與琉球王國封貢關係的源流了。

二

　　周朝末年雖然封建制度因為社會階級的破壞，土地兼併的盛行，商業經濟的興起以及土地制度的改革等等原因，逐漸的有潰解的現象，而到秦始皇統一中國以後，他更以政治的力量，徹底的推翻了封建制度；然而，漢唐以後，由於中國君權的政治勢力，不斷的強化與擴張，使早期的列國變成了郡縣直轄區，若干周邊地區與鄰邦則成為藩屬，而以封建舊制來統治著他們，行之日久，終於演進成為亞洲的一種國際社會秩序的規範，那就是封貢關係。琉球王國到中國的明朝初年也被納入這個體系了，因而與中國產生了宗主與屬邦的封貢關係。

　　明清中琉封貢關係的源流可以從以下幾方面來作一研究：

　　壹，冊封方面：明太祖洪武五年 (1372) 正月十六日詔諭琉球國王時就說：

> 昔天子之治天下，凡日月所照，無有遠邇，一視同仁，故中國奠安，四夷得所，非有意於臣服之也。……朕為臣民擁戴，即皇帝位，定有天下之號曰大明，建元洪武，是用遣使外夷，播告朕意，使者所至，蠻夷酋長稱臣入貢。惟爾琉球

在中國東南，遠處海外，未及報知，茲特遣使往諭，爾其知之。**12**

　　這種論點不難看出是出於古老的「溥天之下，莫非王土；率海之濱，莫非王臣」的大一統思想，中國的統治者是天下的共主，他撫治四方萬民，而且王者無外，合天下為一家，使琉球得所是明朝的責任，琉球稱臣入貢也是應該的。由此可見：中琉封貢關係的開始就是依循古中國封建關係而來的。周煌在清朝時代所謂的「自洪、永封建尚姓」，**13**也是說明中琉關係有著封建制度的傳統淵源。

　　如果我們再從明清中國皇帝頒給琉球國王的詔書來看，古封建的影子仍然是隨時可見的。例如明成祖於永樂二年 (1404)詔武寧王說：「聖王之治，協和萬邦；繼承之道，率由常典。故琉球國中山王察度受命皇考高皇帝作屏東藩，克修臣節。暨朕即位，率先歸誠，今既歿，爾武寧乃其世子，特封爾為琉球國中山王，以承厥世。惟儉以修身，敬以養德，忠以事上，仁以撫下，克循茲道，作鎮海邦，永延世祚。」**14**

　　明英宗時，琉球國王尚巴志逝世，其子尚忠向明廷乞冊封，

<hr>

12. 《明實錄》，洪武五年正月十六日，卷71，頁3（臺北中央研究院印本，頁1317）。

13. 周煌，《琉球國志略》，卷12〈兵志〉首卷序（《那霸市史》〈冊封使錄關係資料〉，那霸：昭和五十二年版，頁218。以下均以《那霸市史》本為據）。

14. 周煌，《琉球國志略》（《那霸市史》，頁60上）。

正統七年 (1442) 明英宗所頒的詔書中也說到明朝皇帝們「無間遠邇，一視同仁，海外諸國，咸建君長，以統其眾」等語，並要琉球臣民「盡心輔翼」「敦厚恭慎」的新王尚忠，使他「上能事大，下能保民」，讓琉球國人「咸樂太平」。[15]

清朝入主中國以後，世祖在順治十一年 (1654) 頒給琉球國王的詔書中也有「帝王祇德，應治協於上下，靈承於天時，則薄海稱道，罔不率俾為藩屏臣」等語，他派出張學禮等冊封尚質為琉王時，也對尚質說「爾國官僚及爾誋庶，尚其輔乃王……守乃忠誠，慎乂厥職，以凝休祉」。[16]康熙五十七年 (1718) 徐葆光使琉時所帶去的詔書中也一再強調「爾琉球國地居炎徼，職列藩封」，並令琉球王臣「慎修王政，益勵悃忱，翼戴天家，慶延宗祀」。[17]從以上所引明清冊封琉王的詔書看來，文字中不斷地提到「作屏東藩」、「為藩屏臣」一類的話，似乎是從「以藩王室」或「以夾輔先王」等典故一脈相承下來的。古時中國周天子要諸侯「用康保民」、「惟德是輔」，明清皇帝也訓勉琉王「仁以輔下」、「敬以養德」以及「守乃忠誠」，在在都具有中國古代封建的色彩，這是極為明顯的。

貳，賜物方面：周天子給受封的諸侯乘車、樂器、衣飾、旌旗等物，主要是使這些諸侯具有統治者的地位，是有若干象徵意義的。明清帝王賜給琉王等人的禮物，由於資料尚存，可

15.周煌，《琉球國志略》（《那霸市史》，頁 62 下）。

16.周煌，《琉球國志略》（《那霸市史》，頁 121 上）。

17.周煌，《琉球國志略》（《那霸市史》，頁 97 上）。

以清楚窺知，例如明太祖時賜金織衣、綺紗、羅等物，其後諸帝有賜皮弁、金鑲犀帶的。[18] 明太宗時頒賜琉王尚巴志與王妃的物品計為紗帽一頂、金鑲紗帽一條、紅羅衣服一幅、紵系四匹、羅四匹、褾系布十匹（以上國王）；王妃則賜紵四匹、羅四匹、褾系布十匹。[19] 明朝各個皇帝賜琉王的禮物不盡相同，正是清使徐葆光所說的「明賜賚幣物，隨時有異」。[20] 清朝初年，依明制，每次賜琉王衣物大體相似，如康熙末年冊封尚敬時，所賜物品有蟒緞二匹、青彩緞三匹、藍彩緞三匹、藍素緞三匹、閃緞二匹、衣素二匹、綿三匹、紗四匹、羅四匹、紬四匹（以上國王）；又頒賜王妃的有青彩緞二匹、藍彩緞二匹、粧緞一匹、藍素緞二匹、閃緞二匹、衣素一匹、綿二匹、紗四匹、羅四匹。[21] 明清皇帝賜衣冠佩帶給琉王，使變國俗，令他有高於他人的裝束，顯出他的統治地位。至於歷代多給衣料，可能是琉王身裁有大小不同，洪、永早期已頒下式樣，因此到明英宗時就下令琉王「冠服本國可依原降造用」，不必在中國製好再送去了。[22] 琉球早已成為獨立王國，明初入貢中國，國王能穿上

---

18. 周煌，《琉球國志略》（《那霸市史》，頁 59 上、61 下等處）。

19. 琉球《歷代寶案》，第 1 冊，頁 8 下（臺灣大學影印）。

20. 徐葆光，《中山傳信錄》，卷 2〈冊封詔敕〉後按語（《那霸市史》，頁 97 下）。

21. 徐葆光，《中山傳信錄》，卷 2〈冊封詔敕〉後按語（《那霸市史》，頁 97 下）。

22. 徐葆光，《中山傳信錄》（《那霸市史》，頁 62 上）。

合於屬邦的衣飾就夠了，車乘、兵器等物在明清時代已失去意義，因而不須頒賜了。另外明清兩代在冊封琉王的時候，必須賜《大統曆》或《時憲曆（書）》，那是奉明清正朔的意思，承認中國是宗主國。[23]

　　參，貢物方面：明太祖與琉球王建立封貢關係後，琉球入貢的物品初以馬、硫黃、胡椒、蘇木等物為主。[24]胡椒、蘇木並非琉球土產，可能由南洋等國貿易得來，明廷不知底細，以方物列為貢物了。至於以馬入貢，主要是因為明初為加強北方防衛力量需要馬匹，而楊載又說琉球產馬，因而將馬包括在貢品中了。[25]實際上琉球的馬並非有名的土產，在明英宗時禮部就曾向皇帝建議說：「琉球國貢馬矮小，宜令選高大者充貢。」英宗則說：「遠人慕義入貢，不必計物優劣。」[26]因而琉球貢馬一直到清初仍舊實行。琉球向中國進呈馬、硫黃等貢品是正貢物品，還有其他非正貢的物品。以清初為例，順治十一年(1654)琉球送來的正貢方物有「馬十匹、螺殼三千、硫黃萬二千六百斤」。而另送「金飾柄匣佩刀、銀飾柄匣佩刀、金酒瓶、銀

---

23. 明洪武年間中琉封貢關係初建時，明太祖在琉球王弟泰期奉表進方物時即賜以《大統曆》。清朝則多琉球使臣返國時自福建攜回。清朝頒《時憲曆（書）》多在每年十月。

24. 周煌，《琉球國志略》（《那霸市史》，頁 59）。

25. 請參看曹永和，〈明洪武朝的中琉關係〉（文載《中國海洋發展史論文集》，第 3 輯，臺北：中央研究院，1988 年），頁 283。

26. 周煌，《琉球國志略》（《那霸市史》，頁 62 上）。

酒瓶、泥金畫屏、泥金扇、泥銀扇、蕉布、苧布、紅花、胡椒、蘇木」為慶賀方物。[27]到康熙六年(1667)，琉球國王又在進常貢方物時，「加紅銅五百斤，螺鈿漆盤十」，其後又曾「加貢鬃煙、番紙」，康熙二十年(1673)，皇帝下令：「琉球國進貢方物，以後止令貢硫黃、海螺殼、紅銅，其馬匹、絲煙、螺鈿器皿，均免進貢。」[28]非正貢的物品有時也在皇帝的「加惠外藩」讓屬邦省錢省事的情形下變為下一次的正貢，如乾隆二十二年(1757)，琉球王尚穆給清高宗「恭進冊封謝恩禮物」時，送了「金鶴、盔甲、金飾腰刀、銀飾腰刀、漆飾鍍金腰刀……金彩畫圍屏、扇、絲錦、練蕉布……」等十六種，皇帝「不欲頻頻貢獻」，「著將所進方物，留作下次正貢」。[29]從以上開列的各種貢品中，我們不難看出有不少是非琉球的土產，明清皇帝們還是收下了（清朝多沿明朝制度），這其中的原因是不是當時消息不通，宗主國對琉球的了解不夠，我們不得而知；不過，基本上貢物應該以土產方物為主，康熙五年(1666)清聖祖下令「應進瑪瑙、烏木、降香、木香、象牙、錫、速香、丁香、檀香、黃熟香等十件，不係土產，免其進貢」。[30]這番話充分證明了明清

---

27. 《大清會典事例》，卷503，〈禮部・朝貢・貢物一〉，頁2（臺北中文書局重印本）。

28. 《大清會典事例》，卷503，頁5下。

29. 《大清會典事例》，卷503，頁19下。

30. 徐葆光，《中山傳信錄》，卷3〈中山世系〉「尚質王」條下（《那霸市史》，頁121上）。

封貢關係中的貢物一項,仍是從古中國封建制度中沿習下來的。

　　肆,服役方面:在中國周朝的封建制度下,諸侯有為周天子服工役與兵役的義務,尤其是兵役。後世中國的外藩、屬邦為中國服兵役,即宗主國調遣藩屬軍隊從事征伐之事的例子可謂史不絕書。在明清時代的封建制度下,朝鮮即曾多次為明清服兵役,參加作戰,如明神宗萬曆年間調朝鮮兵為薩爾滸山之役的東路軍 , 姜弘立率領了朝鮮軍隊一萬三千人從征便是一例。[31] 清朝後來征服朝鮮,並特別規定朝鮮有為清廷服兵役的義務,[32] 因此在崇德年間朝鮮兩次出兵幫助清人打毛文龍的明軍與剿伐叛據熊島的瓦爾喀女真部族。[33] 滿清入關以後又在順治十一年 (1654) 與十五年 (1658) 分別令朝鮮派出鳥槍手前往松花江與黑龍江等地征剿入侵的俄國人。[34] 朝鮮軍隊參戰的裝備都是自備的,連軍糧也多是自理的,顯見為宗主國服兵役是義不容辭的事,與古中國封建實在是一脈相承的。琉球與朝鮮同為明清時代中國的屬邦,但琉球似乎僅在明萬曆壬辰之役服過兵役,清代則絕少服役之事。這其中原因雖不能確知,不過琉球遠隔重洋,國小人少應該是主要原因,而朝鮮得服兵役正可

31. 請參看拙作 〈李民宴與明清薩爾滸之戰——兼評《柵中日錄》〉(《第七、八屆域外漢籍國際學術會議論文集》,臺北:聯合報文化基金會國學文獻館,1995 年)。

32. 《滿清入關前與高麗交涉史料》,頁 25 (北平歷史博物館印,1933 年)。

33. 《同文彙考別編》,卷 4〈軍務〉,頁 43–47。

34. 《朝鮮大王實錄》,孝宗朝,五年二月癸亥條及孝宗九年三月庚子條下。

證明東亞世界秩序中在這方面確有著古封建制度的傳統。

　　伍，慶弔方面：古代中國的封建制度基礎主要以禮來維持，天子、諸侯、人民、奴隸各有其分。慶弔是可以表示一部分禮的，因此當時的封建制度中很注重慶弔的事。這一傳統也很清楚地顯現在明清時代的封貢關係上。例如明仁宗即位後便以詔書告知琉球說：

> ……先皇帝……升遐，遺命神器付予朕躬，顧哀疚之方深，豈尊承之遽忍。宗親公侯、駙馬、伯、文武臣僚、軍民者老及四夷之貢使，俯伏闕下，奉表勸進，以為天位不可以久虛，生民不可以無主。良嫡承統，國家常經，陳詞再三，瀝懇勤切，用是仰遵遺命，俯徇輿情，已於去年八月十五日祇告天地、宗廟、社稷，即皇帝位。……屬茲蒞祚之初，……敷告天下，咸使聞知。[35]

　　琉球國王得悉仁宗即位消息後，理應上表恭賀，於是在洪熙元年 (1425) 閏七月十七日呈上慶賀登基表文，內容略謂：

> 琉球國王臣尚巴志，誠懽誠忭，稽首頓首上言，……恭惟皇帝陛下，承受天命，君師宇內，相以奠之，和以安之，是以克享天心，永膺寶曆……臣尚巴志恭遇聖君嗣登天位，遠處藩維，心馳遙賀，仰紫宸而三祝，祈聖壽以齊天，無任瞻天仰聖激切屏營之至。謹奉表稱賀以聞。[36]

35.《那霸市史》，〈歷代寶案〉，第 1 集抄，頁 3-4（那霸，昭和六十一年）。

　明朝皇帝崩駕，同樣也要派人告喪於各國，如明成祖死於征途後，琉球國王便接到如下的一分訃告：

> 皇帝敕諭琉球國王尚巴志：我皇考大行皇帝為天下生靈討平胡寇，振旅班師，不幸於七月十八日賓天，遺命中外臣民，喪服禮儀，一遵太祖高皇帝遺制，特振（？）王知之。……永樂二十二年八月十六日。**37**

　琉球國王聽到宗主國皇帝去世消息後，必定派出使臣來中國弔喪，並呈送物品以作賻儀。這一類的實例常見。此外，琉球政府也有派出香貢使來華為死去中國皇帝上香致敬的，如明天啟年間琉球通事官英梓等赴皇陵行禮，就是一例。**38** 清朝官書中也記此類事實，如嘉慶六年《大清會典事例》中有：「琉球國王，遣使恭進高宗純皇帝前香貢，祭品銀百兩，交內務府收儲。」**39**「銀百兩」可以說是致賻的意思，與古禮相合。

　同樣的，琉球國王的訃文到達中國時，明清皇帝也會派使臣往弔，通常與冊封禮一併舉行，因為琉球交通不便的緣故。例如「察度既卒，其子武寧遣三吾良亹訃告於朝。永樂二年正月，成祖遣行人時中往祭，賻以布帛。詔武寧王襲爵位」。**40**

36.《那霸市史》，〈歷代寶案〉，第 1 集抄，頁 7–8。
37.《那霸市史》，〈歷代寶案〉，第 1 集抄，頁 2–3。
38.《那霸市史》，〈歷代寶案〉，第 1 集抄，頁 314–315。
39.《大清會典事例》，卷 504，頁 5 下。
40.《那霸市史》，〈冊封使錄關係資料〉，頁 60 上。

「永樂五年，世子尚思紹遣三吾良亹貢馬及方物，別遣使以其父武寧訃告，成祖命禮部賜祭賻，詔思紹嗣王爵。」[41] 至於封祭的情形，明朝使臣陳侃有過這樣的記述：「封其生者又祭其薨者，厚也，所以勸天下之忠也。祭先於封者，尊也，所以勸天下之孝也。」至於祭祀的情形，他也作了清楚的描繪：「行祭王禮……先迎至廟，俟設定後，用龍亭迎諭祭文，予等隨行，……至寢廟，世子素衣禮帶候於門外，戚乎其容，儼然若在憂服之中。予等拱而入，至寢廟，神主居東，西向；予等居西，東向；龍亭居中，南向；世子居南，北向。宣諭祭文畢，世子出露臺，北面謝恩。」祭品也是有「欽定之數」的，祭文的內容則為：

> 維嘉靖十一年，歲次壬辰□月□□朔□□日，皇帝遣正使史科給事中陳侃、副使行人司行人高澄，諭祭琉球國中山王尚真曰：惟王嗣守海邦四十餘載，敬天事上，誠恪不渝；宜永壽年，為朕藩屏。胡為遘疾，遽爾告終，計音來聞，良用深惜；遣使諭祭，特示殊恩。靈其有知，尚克歆服！[42]

清朝使臣汪楫、徐葆光也先後記載了他們祭琉球國王的祭文、儀注等事，內容雖大同小異，然而不外仍是沿習中國古禮進行的，為篇幅所限，不擬贅錄了。[43]

---

41. 《那霸市史》，〈冊封使錄關係資料〉，頁 60 下。

42. 《那霸市史》，〈冊封使錄關係資料〉，頁 2、5 等處。陳侃另記祭品，亦可參考。

43. 《那霸市史》，〈冊封使錄關係資料〉，頁 70、94。

　　總之，慶弔之事，在明清中琉封貢關係中，正如古代中國周天子與諸侯之間的關係一樣，大家都極為重視，因為禮不可廢。

　　陸，法權關係：在中國古代封建制度下，周天子雖為天下共主；但諸侯封國各有其自主權，他們是封地的主人，處理事務不必問命於中央。然而諸侯為治理人民，不得不找一些封建官吏來幫忙，正如周天子需要人幫他治理王畿一樣，所謂「天子有公，諸侯有卿」，就是指此。諸侯的卿或是更小的地方官邑宰，他們雖是諸侯屬下，但是他們有行政和司法權。尹鐸被趙簡子任命為晉陽宰，他竟然有損其戶數，以減其賦稅的大權；[44]又梗陽人有獄案，地方官魏戍不能斷，便以獄上於魏獻子，[45]可見地方官各司其獄，具有司法權。這種封建法權的傳統，在明清中琉封貢關係中似乎還能找到一些殘留的痕跡，現在且舉幾則例子，以為說明：

　　甲，明成祖永樂年間，琉球使臣直佳魯返國途中在福建「擅奪海船，殺死軍官，毆傷中官，奪其衣物」，犯了殺人奪貨的大罪。地方官判了直佳魯及其共犯多人死刑。明成祖則特別降諭說：「直佳魯首罪，當置大辟。」「其阿勃馬結制等六十七人，與之同惡，罪亦當死，眷王忠誠，特遣歸，俾王自治。」[46]

　　乙，明英宗正統四年 (1439)，琉球使團中的通事林惠為在福建停憩的日用品與地方上發生不快。禮部官員後來認為「林惠

44.《國語》〈晉語九〉。

45.《左傳》〈昭公二十八年〉。

46.《那霸市史》，〈冊封使錄關係資料〉，頁 61 上。

等不能禁職，坐事紛紜，請執治罪」。英宗則以「遠人姑示優容，令移文戒諭之」，從輕發落了，可見中國不想治罪屬邦的人。[47]

丙，明憲宗成化年間，又有程鵬與蔡璟在中國作出違法之事，前者在福州與委員指揮劉玉私通貨賄，後者則私購金蟒羅衣。結果兩人都沒有被治罪，而僅「敕諭國王知之」。[48]

丁，嘉靖二十一年 (1542)，琉球貢使蔡廷美，曾招漳州人陳貴等人駕船到琉球，結果與潮陽船爭互殺。陳貴等因而被琉球扣押，貲財被沒收。後來陳貴等逃走時，被琉球守者殺死者甚多，於是琉球政府指陳貴為盜，將他戒送回福建。巡按御史徐宗魯後來審得實情，報告中央，並扣留蔡廷美以待政府指示。結果世宗下令說：「貴等違法通番，著遵國典重。……蔡廷美本宜扣留重處，念素係朝貢之國，姑且放回。」並令福建使臣備文讓琉球國王知道這件事。[49]

從以上這些案例，我們可以看出琉球在明清時代，正像古代周朝封建制度下的諸侯分封國一樣，也有自治權，司法權也歸琉球所有，除非是當事人犯下了殺人重罪，中國政府會判他死刑以抵罪的。

47. 《那霸市史》，〈冊封使錄關係資料〉，頁 62 下。

48. 《那霸市史》，〈冊封使錄關係資料〉，頁 64 下。

49. 《那霸市史》，〈冊封使錄關係資料〉，頁 66 下。

三

　　在中國古代政治體系中有一種封建制度，這種制度到周朝已經發展到相當完備的程度。當時有一共同的認知，即天下有一共主周天子，他直轄著王畿的土地，其餘的地方由他分封給諸侯，代為治理。諸侯雖有治理地方的權力，但對周天子仍有若干的義務要盡，如納貢、服役、朝聘、慶弔等等，而這些上下關係的維持全以禮為基礎。漢唐以後，這一古老的封建制度變質，且隨著帝王權力政治的強化擴張，中國邊區以及亞洲鄰邦便在具有古封建色彩的禮制下與中國交往了。中國成為東亞國際政治結構中的軸心，與鄰邦以及邊疆同胞以封貢關係在運作，各盡其權利與義務。明清時代的中琉關係也是屬於此種體制的，所以無論在冊封方面、朝貢方面、服役方面、慶弔方面或是法權方面，處處都多少與中國周朝古封建制度有關。明清中琉封貢關係的源流，由此也看出一些梗概來。

貳、

明清時代華人對中國文化
東被琉球的貢獻
——以食衣住行等事爲論述中心

　　中琉歷史關係源遠流長，特別是明清時代，兩國交往尤見頻繁，而邦交之敦睦，民間情感之融洽，更是亞洲各國甚至世界外交史上少見的。由於中琉間這種親密友好的關係維持了五百年之久，中國文化也隨之傳布到了琉球，對當時琉球的政經文教以及社會思想各方面都產生極為深遠的影響。本文僅就食、衣、住、行等方面華人所作之貢獻作一敘述。

　　明清傳布中國文化到琉球的華人約有如下的幾種身分：一是從中國到琉球定居的移民。一般說法中國移民琉球事始於明太祖洪武二十五年 (1392) 將「閩中舟工三十六戶」賜給琉球，明末又續賜毛、阮等姓華人到琉球定居；**1** 然而從新近發現的族譜資料，足證在三十六戶之外，還有非官方派出的普通移居琉球的華人，赴琉的時間不晚於三十六姓或三十六戶。**2** 由於華裔移民世居琉球，而且他們始終維持大部分的傳統中國生活方式，對流布中國文化到琉球的貢獻必然既大又多，因此本文

---

1. 見郭汝霖《使琉球錄》、蕭崇業《使琉球錄》、夏子陽《使琉球錄》、張學禮《中山紀略》、汪楫《使琉球雜錄》、徐葆光《中山傳信錄》、周煌《琉球國志略》、李鼎元《使琉球記》諸書於《那霸市史》，〈冊封使錄關係資料〉（原文編）（那霸：那霸市役所發行，1977 年 3 月），頁 19、29、35、37、45、52、130、216、247 等處。又琉球《歷代實案》，第 1 集，卷 4 亦載「賜閩人三十六姓入國」。《明實錄》、《明史》等書亦均記此事。

2. 王連茂，〈泉州與琉球──有關兩地關係史若干問題的調查考證〉，《浦添市、泉州市友好都市締結記念學術文化討論會報告書》（那霸：浦添市教育委員會發行，1988 年 12 月），頁 41。

列他們為第一位。二是明清兩代赴琉的冊封使臣與他們的從人。
琉球自明洪武年間與中國建立封貢關係以來，從永樂二年
(1404) 封琉球武寧王開始，到清同治五年 (1866) 封尚泰王止，中
國一共遣使冊封琉王二十三次，其中明代十五次，清代八次。
這二十三次當中擔任正、副使能考出姓名的有四十三人，留下
珍貴文字紀錄約有十四種，**3** 這些冊封使與他們的從人多是飽
學之士，甚至還有一些是詩文藝術方面的專家，對中國文化的
傳布琉球貢獻之大，應該是毋庸置疑的。三是在明清時代充當
琉球國來華使臣與通譯的華人後裔。琉球王國為了維繫良好的
中琉關係，從明初到清末，不斷地按期來中國朝貢，每次入貢
時所送中國政府的各種文書，都是由住在那霸久米村華人（亦
稱久米人）撰寫的。這些久米人因為世世代代傳習中文，研讀
「四書」「五經」，所以常被琉王派任貢使與通譯。明清兩代見
於中琉官書的琉使入貢不下兩百次，而在正貢之外，琉球又常
藉賀元旦，賀皇帝壽辰，賀太子誕生，賀冊封東宮，報琉王喪，
請封、迎封、謝封、接貢、補貢等等名義，不斷遣使來華，可
謂無年無之。**4** 每次使臣與從人為數眾多，因此這些人來華以
後，耳聞目染，或有心學習，歸國後當然做了不少移植中國文

---

3. 《那霸市史》,〈冊封使錄關係資料〉,卷首,島尻勝太郎〈冊封使錄
　江について〉,頁 1–17。

4. 《明實錄》、《清實錄》、琉球《歷代寶案》諸書中有詳盡記載。另吳
　靄華〈琉球歷史上的久米村〉一文可參看（文見臺北:《國立師範大
　學歷史學報》,13 期）。

化於琉球的工作。四是久米村華人後裔到北京或福州等地讀書學禮的優秀青年。這些華裔青年中，有官學生，也有自費生。官學生就是入明清國子監讀書的，從明洪武二十五年起就派遣了；自費生則是半官費或是完全自費到福州就讀私學的，他們常隨貢使來華。**5** 無論官費生或自費生，在華留學的時間常有長達七年之久的，最少也要三年，因此他們對祖先文化研習的精深程度是可以想見的。琉球當年留華的學生中也有本地貴族子弟，不過人數不能與華裔相比。五是華籍的禪僧。閩粵一帶的高僧渡海到琉球主持寺廟的確有其人，他們除在宗教、朱子學與中國詩文方面多所傳布外，在琉人日常生活上也不無影響。六是海上遭遇風難而漂到琉球的中國人以及一些住在福建的，前者只在琉球短暫勾留，後者則可能從未履及斯土；但他們對中國文化的輸入琉球，仍是居功至偉的。

　　由以上所列的六種華人身分，相信我們已經可以大略地了解明清兩代中國文化傳布琉球的層面與內容了，現在再具體將事實寫在下面，以說明明清華人在食衣住行方面對中國文化移植琉球所作的貢獻。

　　文化可以說是人類控制環境所成就的共業，人類最基本的需要是求生，而求生的先決條件得有食物裹腹，衣裳禦寒，屋舍棲息，進而從事生產活動，求得配偶，以續延其生命。中國是一個文化古國，在明清時代，琉球無論是物質文化或精神文

5.請參看《明實錄》、《清實錄》及《會典》等官書，另真境名興安《琉
　球千年史》中記述亦詳。

化都比中國落後很多，所以經由大量華人移居往來之後，高度的中國文化也就陸續的被琉球人吸取了。

　　糧食是人類生存必需的。琉球舊有傳說：「上古之世，民未知稼穡，或食草木之實，或飲禽獸之血，而生養未備，民俗未正，已經數百年，天然麥子生於久高島，稻生知念村，已而徧播乎國中。……」[6] 不過琉球「山多田少，因八月後多大風拔苗，故止一熟。姑米山、八重山產米最多。米惟國王及諸貴族官家得食」。[7] 由此可見，琉人早年基本糧食不足。若遇風災水災，情況更形嚴重。明末崇禎年間杜三策等為冊封使到琉球時，是年「屢有大風，五穀不登，民大飢饉，公私庫藏穀物已乏」，[8] 結果靠地方上獻捐白米，才使冊封使等在勾留期間不致乏食。俗語說「民以食為天」，琉球王國在這方面必設法解決，首先我們發現琉人種田的耕器有耡、犁等項，「皆仿中國」，[9] 相信這必與明初三十六姓閩人入琉有關，仿製中國耕器，當然可以增加生產，其他農耕技術也會隨之輸入琉球。然而島國地瘠風多，即使有良好技術與耕器也未必能徹底解決糧食不足問

6. 東恩納寬惇等編纂，《琉球國舊記》，頁 79（井上書房刊行，昭和三十七年版）。此書原修於清初，有康熙「當官姓氏」及雍正九年舊序。

7. 周煌，《琉球國志略》，卷 14（《那霸市史》，頁 219）。汪楫，《使琉球雜錄》（《那霸市史》，頁 52）。

8. 球陽研究會編，《球陽》，卷 5，目 292（角川書店印行，昭和四十九年版）。

9. 徐葆光，《中山傳信錄》，卷 6（《那霸市史》，頁 164）。

題，引進易生長的農產物可能更有效果。明萬曆三十三年 (1605)，琉人自中國帶回蕃薯種苗，「以鋤起土，栽蕃薯於其中，已閱數月，然後掘之而食焉」。其後「徧分於國中，為五穀之佐」。並在凶荒之年，發揮過很大的救災功能。🔟 清康熙三十三年 (1694) 又有名叫翁自道的從福建帶回黃蕃薯，與明末移植的紅蕃薯不同品種，由於黃蕃薯「凌風耐寒，繁蔓蕃衍，四季不衰，尤使民得利焉」，🔢 從此使琉球人的食物變得豐多了。

　除了蕃薯以外，明清時代的華人也把中國製糖的技術傳到琉球了，使琉球的甜食種類增多。據《琉球國舊記》說：「本國自古，雖有甘蔗，而民未知造糖。天啟三年癸亥，儀間邑人，隨貢使赴閩……他於福州，已得造糖之製法而回來。遂已徧及於國中矣。」🔢

　這是所謂「黑砂糖」的製法，時間是在明熹宗天啟四年 (1623)。清康熙五年 (1666)，陸得先又奉琉球政府之命，隨慶賀使到福州，在南鼓山一帶，跟隨一位良師學得熬白糖與冰糖的方法。🔢 也有冊封使從人到琉球後，在閒暇時指導當地造糖的，以便那霸一地的琉人學習。🔢

　一般琉球史書裡都記茶是從薩摩藩處取得茶種，而在琉地

10.《琉球國舊記》，頁 79。

11.《球陽》，卷 8，目 594。

12.《琉球國舊記》，頁 80。

13.《球陽》，卷 6，目 349。

14.周煌，《琉球國志略》，頁 220。

種植的，實際上日本茶原先中國傳入，唐宋間日人飲茶風氣就很盛了。琉球的「茶末入沸水半甌，攪以小竹帚，以沫滿甌面為度」的烹茶方法，[15] 也是我國飲茶古法，先傳日本再轉琉球。周煌《琉球國志略》引夏子陽《使琉球錄》稱「土不宜茶」事；不過到清乾隆二十年代時，周煌卻說茶「今亦間有之，自閩中來者多」，[16] 可見當時所飲之茶已有從中國輸入的，很顯然烹泡全葉茶也為若干琉人喜愛了。

琉球人的造酒與善飲是明清冊封使臣經常在他們的紀錄裡提到的。明代蕭崇業《使琉球錄》的〈群書質異〉中記：琉球「百姓造酒，則以水漬米，越宿命婦人口嚼，手搓以取汁，名曰『米奇』；非甘蔗所釀也。日來會實燕享往往亦中國金酒矣」。[17] 夏子陽則說：「燒酒釀與中國同。」[18] 清康熙間使琉的汪楫記：「米肌者婦人嚼米為釀，與京師窩兒白酒相似，南方呼為酒孃者是也。」[19] 嘉慶使琉的李鼎元記述的比較詳盡，他說：「《徐錄》（按指康熙末冊封使徐葆光所作之《中山傳信錄》）謂釀米經婦人口嚼而成，名曰米肌酒，琉人甚重之。細詢作法，實不用麴蘖；而味亦不類酒，殆酪類也。食單又有福、壽酒，名頻吉祥，細考之，仍是燒酒，著黃糖則為福，著糖則為壽，

---

15. 李鼎元，《使琉球記》（《那霸市史》，頁 259）。

16. 周煌，《琉球國志略》，頁 220。

17. 蕭崇業，《使琉球錄》（《那霸市史》，頁 31）。

18. 夏子陽，《使琉球錄》（《那霸市史》，頁 37）。

19. 汪楫，《使琉球雜錄》，頁 52。

中朝亦有此法，特未錫以佳名耳。」[20] 由上可知：琉球造酒多少有著中國的淵源，尤其到他們懂得造糖方法以後，酒的品味改良了，名稱也用吉祥字樣了。

　　如果從琉球人飲食的習慣與禮儀上來看，我們也可以證實明清時代的華人確曾帶給他們很多中國文化的影響。明世宗嘉靖十三年 (1534) 陳侃使琉時記說：「夷俗席地而坐，無燕享醼會之事，不知烹調和劑之味。」國王賜宴的菜餚雖多，「然不能自製也，皆予等所帶庖人為之。」到陳侃等人將返國之時，琉王又為他們設宴餞行，這次筵席大不相同，「見其席之所列，皆非昔比，山蔬海錯，糗餌粉酏雜陳於前者，創造精潔，味皆芳旨；但止數品，不能如昔之豐。詢之左右，乃知前此之設，皆假諸閩人，此則宮中妃嬪親製，以表獻芹之敬耳。」[21] 直到明末崇禎六年 (1633)，琉王宮庭中大宴冊封使臣的情形似乎未見改變。胡靖曾記當時情形：「國王設宴，例用貼廚，則天使自帶十五人，為王辦宴。」[22] 王宮大宴尚且如此，民間食事的簡陋當可想見了。難怪中國使臣寫下：琉球人「食用手，無匙筯」，或是「飲食二餐，餐以一碗為度；凡肴饌，盡乾製，無調羹」等等的觀感了。[23]

　　然而，到了清代以後，琉球人的飲食習性有了改變，特別

20.李鼎元，《使琉球記》，頁 243。

21.陳侃，《使琉球錄》，頁 6。

22.胡靖，《杜天使冊封琉球真記奇觀》(《那霸市史》，頁 42)。

23.胡靖，《杜天使冊封琉球真記奇觀》(《那霸市史》，頁 42)。

是宮庭與官宦之家。康熙二十三年 (1684) 汪楫在琉球看到：「燕會人各一器，不共食。刳木為椀，椀小並無多設；而召中國人飲，則亦如中國之制，磁盌羅列，亦設調羹。通事云：『數年前尚未有此，日趨華侈矣。』」[24] 康熙末年到琉球的徐葆光也說：「今其貴官對客，亦效中國同器、分筯飲食。」[25] 所見與汪楫相若，比明代大有不同了。到清嘉慶五年 (1800) 李鼎元使琉時，他所描繪的王宮大宴則豪華多禮，情況大異從前。他說：

> 國王請入座，食品略仿中國，器皆景德瓷，設商席如京師半桌，椅曰交椅。席三，天使，國王各坐其一；紫帽司酒，黃帽司餚，皆跪進。……唾壺、漱盂、煙架，畢具座側。[26]

由此可見：自入清以來，琉球在宴客的食品、餐具以及進食的禮儀方面，都日漸改變，模仿中國的食事了。李鼎元還特別提到「國王進酒之禮，悉仿中國行，非國俗也」。[27] 中國文化影響之深，由此更得明證。

講到餐器，雖然有琉球文獻中稱明末有朝鮮人到琉球「教民瓷器」，以及清代雍正年間琉球「始造陶窰」的說法；[28] 但是徐葆光等於康熙末年在那霸看到的一般琉球人家所用陶器「瓶、

---

24. 汪楫，《使琉球雜錄》，頁 55。
25. 徐葆光，《中山傳信錄》，頁 157。
26. 李鼎元，《使琉球記》，頁 254。
27. 李鼎元，《使琉球記》，頁 256。
28. 《球陽》，附卷，目 18、108。

囂，多類中國」 [29]，而康熙九年 (1670) 時琉人宿藍田曾隨貢使到福州、京師等地，學得製造瓷器之法回國，都是事實，[30] 再說朝鮮人的造瓷法根本原由中國傳入，所以仍是中國文化的影響。另由清代官方檔冊窺知：琉球所有船隻來華時，大多攜帶粗瓷器歸國，如乾隆三十五年貢船兩艘帶回粗瓷用品一千三百二十斤。道光七年貢船兩艘及漂風船三隻返琉時共載粗瓷一萬一千二百五十五斤；由此可證：琉人瓷器仍多仰賴由中國輸入。[31] 又從琉球學者的研究得知：中國陶瓷器早在十二至十三世紀即已輸入琉球，而元末到明末的產品數量很多，如青花器、青瓷酒會壺、盤等物中不乏珍品。又碗、皿及一般壺、盤數量也可觀，在琉球境內約有四百多處定點可以發現這類古中國陶瓷器。[32] 總之，在食用器皿方面，琉球與中國的關係是既深且遠的。

同時由於若干中國習俗隨華人移植琉球，琉球人在吃食方面又多了品目。例如《琉球國舊記》中〈端午節〉條下記：

> 此日，王出御南殿，眾官朝賀，其禮如上巳之禮。大臺所

---

29. 徐葆光，《中山傳信錄》，頁 163。

30. 《球陽》，目 437。

31. 《軍機處檔》，乾隆朝第 11383 號及道光朝第 56403 號（臺北故宮博物院藏）。

32. 知念勇，〈沖繩出土の中國陶磁について〉，《第一屆中琉歷史關係國際學術會議論文集》，頁 169（臺北：聯合報文化基金會國學文獻館，1987 年）。

官，獻粽（俗曰箕餅）並御佳例盆於院內，且圓覺寺僧亦獻菖蒲葉也。[33]

同書〈七夕〉條也記：

此日，王行幸圓覺寺，天王寺，天界寺，以拜先王，後亦幸大美御殿，時賜素麵於扈從群臣。而未知何故而幸也。且有唐榮官員七位……令晒國王衣冠。[34]

又如同書附卷 11〈八月〉條下有：

每年十五夜，人民家家皆造豆餅，以供於先祖並諸神而食焉。[35]

他如〈冬至〉條下也記：

王率百官，拜北極，其儀注略似元旦之禮。時大臺所獻御佳例盆，並糖圓於內院。國中人民，家家煮田芋，荐之於祖宗，或有做糖圓，荐之於祖宗者也。[36]

此外還有與糧食及食物有關的，如琉球在清初改琉斤為唐升來量米，以及豆腐、龍眼、荔枝等都由中國輸入製法與種子等事。[37]

33.《琉球國舊記》，頁 66。

34.《琉球國舊記》，頁 67。

35.《琉球國舊記》，附卷 11，頁 281。

36.《琉球國舊記》，頁 71。

　　再就衣服裝飾方面作一探究。根據琉球古資料的記載，在他們的始祖天孫氏時，「取蕉麻類，成布造衣，教之於人民，以避寒」。[38] 後來習俗改變，進步情形是：「男女皆以白紵纏髮，從頂後盤繞至額。男人用鳥羽為冠，裝以珠貝，飾以赤毛，形製不同。婦人以墨鯨手為文，以羅紋白布為帽其形方正，皆織樹皮並雜色紵及雜毛以為衣，製裁不一，綴毛垂螺為飾，雜色相間，下垂小貝，其聲如珮。」[39]

　　可見早年琉人衣飾仍是簡陋，而且主要製衣原料是蕉、麻、紵類。有關蕉布或芭蕉絲的出產，《朝鮮王朝實錄》中收錄了齊州島漂風到琉球人的見聞，說與那國島、八重山、宮古島等地，除苧床之外沒有其他織布的原料，這是朝鮮成宗八年的事，也就是明憲宗成化十三年 (1477) 的人所見的事實。然而在明太祖洪武年間，琉球朝貢中國的貢物中已有「生熟夏布」，因而琉球史書裡也說：「本國未通中華之前，必有蕉布，以為人衣，而歷年久遠，創造之世，莫從稽詳。」[40] 近代學者則有芭蕉絲原產琉球本土與自十四世紀從南方國家引入的兩種不同說法，至今尚無定論。不過琉球衣服與裝飾的改進必有賴於原料品質的提

37.請參看汪楫，《使琉球雜錄》，頁 52；李鼎元，《使琉球記》，頁 249；徐葆光，《中山傳信錄》，頁 164；《琉球家譜資料》，久米系，頁 548 等處。

38.《琉球國舊記》，頁 78。

39.《球陽》，目 6。此段文字早年即見於《隋書》，《球陽》等書均引自此。

40.《球陽》，目 51。

升，衣冠制度的確立以及高級成衣的輸入等等才有可能，而這些都又與明清華人的介紹與傳布有關了。

琉球人懂得以絲為原料製衣，應該是從中國傳去的。《琉球國舊記》中說：「遺老傳：昔中國人，飄至久米島，時有堂之大親者，從中國人，學治絲事。」同時在技術上日求進步，尤其到清代以後，常見派人來中國學藝，如：「國吉嘗隨貢使入閩，始學織緞疋之法而回來，始善浮織緞，王深褒美之。」[41] 這是順治年間的事，又如：「那霸關忠勇前為北京宰領，赴福州時遭海賊，身受劍炮。入閩赴京，亦遭閩亂，逗留於蘇州，傳授製造絲棉，白絲及煮螺等歸回本國，遍教於人。」[42] 閩亂當指耿精忠反清事。乾隆年間，又有向得禮來華，入閩「學綢緞紗綾等織法」。[43] 這些技術的輸入，對琉球製衣原料品質的提高與式樣的改變應該是有絕對影響的。

然而，琉球王臣冠服制度的建立一事，更能表示琉球人在早年服飾上的興革。自從中琉有了封貢關係以後，先在明洪武七年 (1374)，明太祖賜中山王察度金織文綺羅紗，賜給琉使泰期製衣靴襪。[44] 琉球人也說這是他們「始通中國以開人文維新之基」。[45] 洪武十六年 (1383)，明太祖又賜琉王金印、章服。洪武

---

41. 《球陽》，目 341。

42. 《球陽》，附目 85。

43. 《球陽》，目 1024；周煌，《琉球國志略》，頁 220。

44. 《明實錄》，太祖卷 93；周煌，《琉球國志略》，卷 3 等處。

45. 《球陽》，目 27。

三十一年 (1398) 又以「外夷能慕我中國冠帶，誠可嘉尚」。[46] 乃再賜中山王冠帶及其下冠服。從此琉球王朝，「行大禮時，王及百官，皆穿中華之衣」。[47] 永樂元年 (1403) 及二年 (1404)，成祖又先後應琉球山南王及山北王之請，命禮部賜其國王與陪臣冠服。[48] 其後尚巴志嗣位中山王，滅山南、山北，統一全琉，上奏明廷說：「『臣祖父昔蒙朝廷大恩，封王爵，賜皮弁冠服。洪熙元年，臣奉詔襲爵，而冠服未蒙頒賜。』宣宗命行在禮部稽定制，製以賜之。」[49] 正統元年 (1436)，琉王又咨文明朝禮部說：

> 洪武□年間，欽蒙太祖高皇帝給賜本國各官冠笏公服等，欽遵奉受外，今照本國各官朝服已經□年，俱以朽壞無存，及不能裁製，凡遇聖節、正旦等事，行禮未便，合咨乞為具奏給賜。[50]

　　明廷當然准如所請的賜給了。明代時期琉王與各官的服飾大概是這樣的：

> 國王，側翅烏紗帽，盤金朱纓，龍頭金簪；蟒袍、帶用犀角，白玉。王妃，鳳頭金簪。宮人，亦分為五等，約百人。命婦，頭簪皆視其夫品秩。正一品以下，帽八等，簪四等，

46.《球陽》，目 56；《明實錄》，太祖卷 256。

47.《琉球國舊記》，頁 78。

48.《明實錄》，太宗卷 18、29 及 30；《球陽》，目 59。

49.徐葆光，《中山傳信錄》，頁 111。

50.琉球《歷代寶案》，第 1 集，卷 17，頁 545（臺灣大學影印本）。

帶四等。具列如左：

正、從一品：金簪，彩織緞帽，錦帶，綠色袍。

正、從二品：正二品金簪，從二品金花銀柱簪，紫綾帽（有
　　　　　　功者，賜絲織緞帽），龍蟠黃帶（有功者，賜錦
　　　　　　帶），深青色袍（下至八、九品，朝服皆同）。

正、從三品：銀簪、黃綾帽、龍蟠黃帶。

正、從四品：簪、帽、袍同三品，龍蟠紅帶。

正、從五品：簪、帽、袍同三品，雜色花帶。

正、從六、七品：簪、袍同三品，黃絹帽，帶同五品。

正、從八、九品：簪、袍同三品，大紅縐紗帽，帶同五品。

雜職：簪、袍同三品，紅絹帽，帶同五品。

里、保長：銅簪，藍袍，紅布帽或綠布帽。

蔭、官生：簪、帽、服、帶俱同八品。

外有青布帽，百姓頭目戴之。[51]

從以上兩項資料，我們不難看出：一、明清時代，琉球國王及
百官，都以中華衣冠為禮服，凡遇正旦、明代皇帝聖節等大禮
時都必穿著。二、琉球各官的袍、簪、帽區別不大，分別官階
重在「帶」的形式與色彩。這大概與布料的缺乏有關。三、清
代以前，琉球似乎還「不能裁製」這些冠服，全靠中國賜給，
這可能與製作的技術有關。清乾隆年間周煌使琉時，他見到的
情形是：

51.徐葆光，《中山傳信錄》，頁 139；《琉球國舊記》，頁 78。

帽則初以帕纏首，後易薄樫木片為骨，以帕蒙之。前七層或
九層，後十一、二層；紫最貴，黃次之，紅又次之，青綠斯
下矣；中又以絹之花、素為別。國王見天使，仍明時衣冠：
烏紗帽，雙翅側衝上向，盤金朱纓垂領下，更有皮弁，受封
後詣館謝及望舟宴時，皆著之；閒居常亦裹五色帽。而攝政
者則花錦帽，遠望如屋漏痕。**52**

　　清乾隆初年，琉球尚敬王「諭定群臣每逢朔望五佳節皆帶
朝冠著色衣而見朝」。**53** 同時他再重申琉球前往日本的使者必
穿明朝衣冠。「王子位冠烏紗帽，穿紅色緞衣，著麒麟補，用錦
龜甲帶。按司位冠烏紗帽，穿紅色緞衣，著仙鶴補，用錦龜甲
帶。親方位冠烏紗帽，穿天青緞衣，著錦雞補，用龜甲帶。申
口位冠烏紗帽，服天青緞衣，著孔雀補，用角帶。自吟味役以
下，皆冠烏紗帽，服天青緞衣，著雲雁補，用角帶。」**54**

　　據上可知：中琉封貢關係的建立對中華衣飾文化的傳布琉
球是有很大關係的。另外明初三十六姓閩人的移居那霸，也在
這方面有著很多貢獻，因為明太祖賜閩人以後，琉球便「節音
樂，制禮法，改變番俗，而致文教同風之盛」了。**55** 三十六姓
的子孫們也說他們「所服衣冠，皆從明朝制法，包網中，戴方
巾紗帽」。**56** 同時久米人擔任通譯官來華時，也有為琉球王臣

---

52. 周煌，《琉球國志略》，頁 196；《琉球國舊記》，頁 77。
53. 《球陽》，目 861。
54. 《球陽》，附目 106。
55. 《球陽》，目 46。

「請賜冠帶」的。[57] 琉球人開始制定喪服也是由閩人三十六姓而起的，喪服必似中國式樣。[58] 據說閩人到琉以後，「覃敷文教，時定三年之喪」，而到清「康熙六年丁未，尚質王始以三十日，定父母之喪。雍正三年己巳，尚敬王亦以五十日，定父母之喪。然而國君已薨，猶行三年之喪。庶民雖若不行三年之喪，而不貼對聯，不看龍舟，並祈神、祭社、拜節、唱歌、攜妓為戲等」。[59] 清康熙末使琉的徐葆光在談到琉王家族神主昭穆圖時，特別提到「天界寺內，有尚懿神主……世子尚益卒，葬後，神主在世子府，男女各官孝服，每日哭臨。百日後，移主天界寺」。徐氏又記：「通國平民死，葬皆用棺槨，……會葬者，皆衣白蕉衫。」可見當時琉球政府與民間都受漢人文化影響，行三年喪禮，穿白色孝服。[60]

一般琉球人民穿著的衣服，據說是「男女寬博交紐，袖廣二尺許，長不掩指。右襟末缺五、六寸，被口不緝。夾衣則兩面可以反覆穿之。……裡衣短小，男女皆作豎領如中國。女衣項上一紐，胸右一帶。外衣惟男子以帶束之，……帶錦細花最

56.《琉球家譜資料》，久米系，頁55，〈金氏家譜序〉（那霸：昭和五十五年版）。

57.徐葆光，《中山傳信錄》，頁110。記永樂八年，「通事林佑本中國人，故請賜冠帶，從之」。

58.《球陽》，目393。

59.《琉球國舊記》，頁86。

60.徐葆光，《中山傳信錄》，頁151、157。

貴，錦大花次之，龍蟠紅黃緞又次之，雜花色者不拘。……」[61]
而這些錦帶，琉球「本國皆無之，閩中店戶另織布與之」。[62] 此
外琉球早年「男婦皆無裡衣」，不過，到清代康熙末年，冊封使
到琉球時已經看到「今貴官裡衣，亦有如中國者」。[63]

又琉球每年有若干船隻來中國，如貢船，接貢船，海難船，
護送船，迎使船，謝恩船等等，這些船返琉時都帶大量中國物
品，布料與衣服常是其中的要項，如道光七年琉船返國時，便
帶了「中花綢二百二十九疋」、「上縐紗七十九疋」、「氈條一千
五百斤」、「粗夏布一百三十三疋」、「纖絨五十四疋」、「故綢衣
一十八件」、「故布衣十五件」。[64]

綜合上述，我們可以發現：一、琉球王臣的衣冠制度，是
受中國文化影響而建立的，在國家有重大典禮時，必以中華衣
冠為禮服，甚至赴日使臣也穿中國官服。二、閩人三十六姓移
居那霸，不但把中國民間穿衣的文化帶到了琉球，同時也將喪
服等禮俗傳入彼邦。三、絲綢的生產與製作方法也在明清兩代
由赴琉的華人或是琉球人來華而學得。四、琉球不斷地從中國
輸入製衣的原料與製成的衣飾。以上四項，在在說明琉球王國
在明清時代衣著的文化不時的進步，而這些進步確與華人所作
的貢獻有關。

---

61. 周煌，《琉球國志略》，頁 196。
62. 徐葆光，《中山傳信錄》，頁 140。
63. 徐葆光，《中山傳信錄》，頁 140。
64. 《軍機處檔》，道光朝第 56403 號。

　　其次再略述琉球人住的方面受中國文化的影響情形。琉球古代傳說中以為始祖天孫氏時代「教民巢居，而民安之」，其後農事漸興，民俗改變，「昔之巢居穴處者，今始有屋廬」。^{❻❺} 然而早期琉球特殊房屋的建造，仍是閩人三十六姓入居以後的事。如首里中山城到明成化年間才「城郭悉備」；國殿是在正德與嘉靖間才「於殿前設立青石龍柱並欄杆」的；款待天使的北殿則創建於成化間，王子所居的東宮直到明末崇禎時才建設，^{❻❻} 凡此種種均可見琉球王府官署都是在與明通貢後才具備規模的，尤以接待明清冊封使的天使館，明清使臣說舊「館倣中國規制，巍峨壯麗」，前大轅門，大門，入門之後有大堂三楹，建築的形式與燕京報國寺相近。^{❻❼} 入清以後，琉球又造天使新館，徐葆光認為新館「屋宇皆如中國衙署」，^{❻❽} 周煌也說天使館「一倣中朝制度」。館內鋪設，桌椅，牀帳及碗碟什物，俱照中國制度。^{❻❾} 另外在久米村一帶因閩人入居後所造的天妃廟、龍王殿、天尊廟、普門寺、至聖廟、關帝王廟、啟聖祠等，當然都是中國式的建築。^{❼⓿} 這些仿照中國官衙與寺廟的屋宇，相信對琉球

65.《球陽》，目 3。

66.《琉球國舊記》，頁 8–11。

67.胡靖，《杜天使冊封琉球真記奇觀》，頁 42；張學禮，《中山紀略》（《那霸市史》，頁 45）。

68.徐葆光，《中山傳信錄》，頁 87。

69.周煌，《琉球國志略》，頁 207。

70.請參看《琉球國舊記》、〈冊封使關係史料〉、《琉球家譜資料》久米系等書。

的居住與辦公環境是大有改進助益的。

　　一般民間屋舍，「皆不甚高，以避海風；去地必三、四尺許，以避地濕」。[71] 在明代早期，民屋還多是以茅草覆蓋的，陳侃使琉時，遇到一次大颱風，他描寫當晚情形說：「颶風暴雨，倏忽而至，茅舍皆席捲；予館亦兀兀不安，寢不能寐。起坐中堂，門牖四壁蕩然無存。」[72] 可見當時一般琉球住屋的簡陋。然而自從燒瓦的技術由中國人傳到琉球以後，居家的安全顯然有較大保障，而屋宇的外觀也較為壯麗了。燒瓦的技術何時傳入琉球已不能考定，古傳說只稱：「昔中國人，已到本國，深慕國俗，不想故鄉，居於國場村。……後於真玉橋之東，造陶舍，燒瓦器，以給資用，……我國燒瓦，自此而始。」[73] 從陳侃使琉到琉球王國設瓦奉行一職，以汪永澤任總管陶瓦一事來看，琉球能製陶瓦應在明代嘉靖與隆慶之間，[74] 而到清代康熙年間，陶瓦的產量大為增加，很多宮殿、寺廟與民房都以陶瓦蓋頂了。如《球陽》尚貞王二年（清康熙九年，1670），「瓦蓋國殿」條記：

　　　自古國殿並宮室樓臺，皆用木板蓋之；今番改蓋以瓦，以致壯麗鞏固。[75]

71.徐葆光，《中山傳信錄》，頁 157。

72.陳侃，《使琉球錄》，頁 6。

73.《琉球國舊記》，頁 88。

74.《球陽》，目 234。

75.《球陽》，目 436。

　　康熙二十年 (1681)，臨海寺並社宮以及中山坊都改蓋陶瓦。第二年，崇元廟也以瓦易木，覆蓋房頂，原因都是薄板容易朽爛。也有宮殿原以「茅草蓋之」**76** 的，到清康熙年間則改以陶瓦了，如東殿就是一例。**77**

　　康熙年間，「民間作屋，每一間瓦眷四出，如亭子樣。瓦如中國甌瓦，極堅厚；非此不能禦颶故也」。**78** 可見華人製瓦的技術傳入琉球，對彼邦住的問題確有貢獻。

　　除了屋頂蓋瓦是華人的貢獻以外，屋內裝飾也多沾染漢俗。康熙末年徐葆光使琉時，看到一般民家：「屋中畫軸皆短小，不過四、五尺，屋小故也。若首里貴家，長與中國畫軸無異。屏幅字，或用四扇，例先書一大字於首，如春、夏、秋、冬、仁、義、禮、智之類，下綴詩語三、四行，亦不必與大字相應。」**79**

　　清代琉球人雅愛中國書畫：「國人無貴賤老幼，遇中國人稍相浹洽，必出紙乞書，不問其能書與否也。」「乞使臣書尤恭謹，得之輒俯身搓手，高舉加額，焚香而後展視，其見重如此。」**80** 嘉慶間使琉的李鼎元也說：「惟從客善書者，不多少；球人重書，請者甚重。」**81**

---

76. 《球陽》，目 506、509、514 等。
77. 《球陽》，目 553。
78. 徐葆光，《中山傳信錄》，頁 157。
79. 徐葆光，《中山傳信錄》，頁 159。
80. 汪楫，《使琉球雜錄》，頁 55。
81. 李鼎元，《使琉球記》，頁 261。有關中國明清間人書畫現存琉球一地

　　又琉球人家住屋：「中間多作神龕，……貴家始有祠堂，又多以『天地君親師』五字供奉者。……屋上、門前多安瓦獅，及立片石，刻『石敢當』者……。」[82] 這些也都是中國文化移植島國的明證。

　　用瓦蓋頂固然使房屋堅固，可禦颶風；若用石灰塗牆壁則更能使建築物牢靠壯觀。而石灰燒製的方法也是由華人傳入琉球的，《球陽》書中記：

> 是年（按指琉球尚敬王十九年，清雍正九年）正月蘇州府鎮洋縣商船一隻，漂到本國，……其難人吳自成能知燒石灰之法，由是副通事蔡宏謨，御評所筆者翁國材，奉憲令學其燒法，隨即作陶窯於運天邑，以燒石灰。其燒費甚減，而灰品更好。從此之後，本部今歸仁兩郡皆燒此灰。[83]

　　據此可知：琉球人燒製石灰必早於是年，只是吳自成的燒法費用少而品質好。由於石灰的燒製進步，不少工程上都用上石灰了，如重修玉陵時在石牆上塗了石灰，[84] 若干城牆為堅固防盜賊也塗上了沙灰，[85] 使琉球的建築入有新的面貌。

者仍甚多，如縣立博物館等收藏中心。又美國夏威夷大學圖書館及日本等地亦有收藏。

82. 周煌，《琉球國志略》，頁 197。

83. 《球陽》，目 936。

84. 《球陽》，目 147。

85. 《球陽》，目 1131。

　　琉球人於明清時代不但在住室的造法、建材與裝飾上接受
了中國的文化，同時他們也學中國人講求居處與墓地的地理風
水，而這一習俗顯然是由三十六姓的閩人帶到琉球的。《球陽》
中有〈唐榮地理紀〉一文記：

> 唐榮邑前有一江，潮汐來朝以為明堂；南望之則峯巒繞抱，
> 以為錦幢；奧山聳秀，以為文案；後與左右則林樹密圍，以
> 為玉屏；且中島之西有一塊大石，峙對南門，以為龍珠；南
> 門以為龍首；雙樹為角；雙石為眼；中街蜒蟠，以為龍身；
> 西門為尾；而邑中有一條小港，潮水往來，以佐其威
> 焉。……若此數者固係夫風水之理也非輕矣。[86]

　　「唐榮」原稱「唐營」，是明初三十六姓閩人到琉球後，琉
王特撥的居地，俗稱久米村。另外在小宗蔡氏家譜中又見其十
世孫蔡鐸的記事下有：

> 康熙十二年癸丑，具奏請乞中島大石及燒灰洲屬唐榮。嘗聞
> 三十六姓經營唐榮，以大街比龍形，以南門比龍頭，以大石
> 比龍珠，誠所係於風水之理者大也。是年，那霸官請建村於
> 大石之四圍焉，於茲恐將廢唐榮之風水，故具奏上達如原屬
> 唐榮者也。[87]

由此可見華人移民琉球以後，也將地理風水觀念帶到這一島國了。

86.《球陽》，目 322。
87.《琉球家譜資料》，久米系，頁 933。

　　《琉球國舊記》裡說：琉球講地理之學可能開始於康熙六年丁未 (1667) 華人周國俊的入閩研習地理，[88] 當然這是指琉球國居民對風水之學有了特別興趣而加以重視，而且此後奉琉王之命或自費入閩研習地理風水的華人經常可見。如康熙四十七年 (1708) 蔡溫在福州從劉先生精學地理；康熙五十六年 (1717) 紀士顯入閩三年「從林先生學地理」；乾隆二年 (1737) 鄭鴻勳也「入閩讀書，時從地理師陳恆坤，閩縣人學其法。至於二十二年丁丑為王舅通事入閩，再學而精得其法，是以入國用之備，有憲令則往觀，並有人家請者則亦然」。甚至到清道光七年 (1827)，仍有名叫鄭克恭的為「秘傳地理」而去了福州。[89] 據此可知：入清以來，一百六十年間，琉球一地盛行中國地理風水之學，尤以琉球政府與王族家庭更為偏好。以下記事，可為說明：

> 美里按司所授牌名崎山子宅邊，素有關係□王城風水之林，曾經栽植樹木，以備風水之雅。奈至近年，將其林籍築石為垣，入該宅內，不栽樹木，以失風水之美。由是將其宅籍正界，築垣之外，將該林籍築設堤防，栽植樹木。[90]

這是琉球尚泰王十四年（清咸豐十一年，1861）發生的事。又如清同治七年 (1868) 琉球政府又將地理師鄭良佐與有關官員蔡呈禎、蔡大鼎等三人，「遣發閩省，學習改遷世子宮之法」。鄭氏

88.《琉球國舊記》，頁 87。
89.《琉球家譜資料》，久米系，頁 207、366、595、689 等處。
90.《球陽》，目 2111。

等回國以後即動工遷世子宮，從同治九年 (1870) 至十三年
(1874)，才完成這項工程。[91] 鄭良佐等赴閩之時，政府又命他們
同時「學習修葺玉陵之法」，因為「玉陵有闕略之處」，關係風
水。[92]

　　至於琉球官衙廟宇與民房內外裝匾額對聯、石欄、竹牆、
池橋、石龍頭等等的事，也多少與中國文化有關，這裡不作詳
盡說明了。

　　最後，談談琉球王國行的文化與明清時代華人的關係。琉
球是個島國，對外交通全靠船隻，早年琉球造船技術與航海經
驗顯然不及中國，從以下一些史事可以窺知：

　　　（明太祖洪武）十八年，表賀元旦，貢方物。太祖賜王海舟
　　　一，山南王如之。[93]

　　《球陽》一書中又記：「王舅模都古，長吏鄭義才等。」隨
天使入京謝恩並進香長陵時，鄭義才具呈言：「海舟經年被海風
壞，臣等附內官柴山舟以得入覲，乞賜一舟歸國，且便朝貢。
宣宗命工部給之。」[94]

　　同書又記：明景泰元年 (1450) 時：「王遣百佳尼等貢方物
時，通事程鴻具呈言：來船已壞，不能返國，願以所賜幣帛造

---

91. 《球陽》，目 2206。

92. 《球陽》，目 2207。

93. 徐葆光，《中山傳信錄》，頁 59。

94. 《球陽》，目 80。

船。禮部奏允其請，移交福建三司，聽其自造。」[95]

又據《崇武所城志》〈戰船〉一目下記：「百戶經，掌勇字五十九號，四百料官船一隻。此船後送琉球中山王，差長史郭祖尾去國。」崇武位於惠安縣東南部，是泉州灣外緣北端的一個港口。「百戶經」據王連茂先生考證係明洪武二十八年授職為「百戶」的「經勝」。[96]

從以上四則記載，我們不難看出：明初至景泰間，琉球常向明廷乞舟，而且造船隻的技術都很落後。至於航海經驗，似乎也依賴華人而後才有進步，明清冊封使臣們常提到這件事，如明代嘉靖間使琉的郭汝霖說：

> 太祖，特賜以閩人之善操舟者三十有六姓焉，使之便往來，時朝貢，亦作指南車之意焉耳。[97]

清初康熙時代使琉的汪楫也說：

> （明）太祖……閩人善操者三十六姓，以便往來。[98]

徐葆光則更清楚指出：「太祖；賜閩人善操舟者三十六姓，以便往來。」並且又說：琉球「貢船，式略如福州鳥船。……前明

95.《球陽》，目 97。

96.王連茂，〈泉州與琉球──有關兩地關係史若干問題的調查考證〉，目 48。

97.郭汝霖，《使琉球錄》（《那霸市史》，頁 19）。

98.汪楫，《使琉球雜錄》，頁 59。

洪、永中，皆賜海舟；後使臣請自備工料，於福州改造。今本
國船工，亦船自造如式」。[99] 可見琉球人到清初才能自己造大海
船，而且式樣是全仿中國的。

　　琉球島上的陸地交通工具以馬、轎等為主。「馬，與中國無
異。」「鞍，制同中國。」轎子當然不是普通人能具有的，「通
國惟國王肩輿，仿中國式，或十六人，或八人。轎上亭蓋帷幔，
悉如中國」。[100]

　　琉球人仿中國式樣造轎，據說始於明代世宗嘉靖初元
(1522)。《球陽》中記此事為：「毛文英為王舅入閩，赴京慶賀世
宗登極，偶見鳳凰轎，其法製異常，麗美甚極。既而回至閩省，
即發公銀，密令匠夫造其轎……而歸來，恭備呈覽。王大喜悅，
以坐其轎。……中山有鳳凰轎……自此而始。」[101]

　　至於琉球當年陸上不見車輛，徐葆光說：「國中無車，山谷
非所宜也。」[102]

　　橋樑的築造是與陸上交通有很大關係的，尤其在多島的琉
球，而明清時代若干重要橋樑的修建又與華人以及中國的技術
有關，因而值得在此一述。

　　早年琉球的重要橋樑多係木造，程順則在〈重修臨海橋碑
文〉中就說到：「曩者沿江砌石為堤，設木橋以通。……自明初

99.徐葆光，《中山傳信錄》，頁 109。

100.徐葆光，《中山傳信錄》，頁 167。

101.《球陽》，目 185。

102.徐葆光，《中山傳信錄》，頁 167。

抵今，歷數百年。……」[103] 清初康熙年間，亦即尚貞王時代，琉球各地翻修橋樑，正如上述臨海橋一樣，都改建石橋，而主其事者幾乎多是華人，如尚貞王九年（清康熙十六年，1677）改建金城石橋時即記：

> 首里金城邑前，有一工杠，或為蟲蛀所害，或被風雨所傷，浹至頹敗。由是王命楊壯盛等，造石橋以通往來焉。[104]

此外在尚貞王時代先後又以葉慕永造宇平石橋；命馬廷楷、孫繼盛建石火石橋；毛承翰、曹憲等造泊高橋；毛光炳等建真玉橋。這些新橋都是因為蟲蛀或洪水「橫流以致傾圮」而另以石造的，少數是「以斯杠非久施之設」，改以石建來「壯海門觀瞻」的。[105] 尚敬王時代，也就是我國清雍正、乾隆時期，琉王也令馬世龍、向賢範等修過牧港橋；毛健元、孟令聞等改建過美榮橋，而美榮橋是在華人居住的久米村，據說這座橋「規模宏敞廣闊，以通南北之水」。[106] 尚敬王三十一年（清乾隆八年，1743）所建的勢理客橋，則更清楚說明了引用中國的技術：

> 浦添郡驛之西、勢理客邑之東，有一大江，源出郡南，曲折奔流，至於小灣，注入于海；其為勢也，汪洋澎湃，不可徒涉，是以自往古時創建石橋，使民得往還之便。然本國徒有

---

103. 《琉球家譜資料》，久米系，頁 551。
104. 《球陽》，目 479。
105. 《球陽》，目 561、587、625、648 等處。
106. 《球陽》，目 1015。

橋梁之設，而築修之正法未嘗知之。屢次頹敗，屢致修造，
不堪其憂。乾隆辛酉冬十二月，雹雨大降，洪水橫流，氾濫
已甚，石橋亦致敗壞。王深慮徒涉之苦，已當農暇之時，特
命紫巾官向弘烈、察侍紀官毛景文，重修其橋。景文即隨蔡
法司，始學決水築橋之法，乃往其境，細相其地，以移址基
於西北改修，此橋製仿中華，高大宏敞而築石甚堅牢壯觀，
無有逆流之怒與洪水之壞焉。[107]

又琉球國王「改定國中之里數，並以紀廣狹，險易遠近」
以及創建驛郵制度，都是永樂年間才發生的，[108]這些與行有關
的事，應該多少是受中國影響的。

從以上食衣住行的實例中，我們不難看出明清時代華人對
中國文化東傳琉球以及對琉球歷史的發展，都有很多很大的貢
獻。琉球與中國通貢以前，在未與閩人三十六姓以及日後赴琉
或在閩的華人多所接觸之前，他們的文化程度不很高，習俗多
被視「鄙陋朴野」；但是明清時代，特別是入清以後，中國文化
則由多種管道輸入琉球，在雙方良好的交往關係中，很自然的
不斷傳入，而琉球也在迫切需要下大量的吸收，誠意而徹底的
接受，這是極為難得的事。中國食衣等物質文化傳到琉球之後，
琉球上自國王下至人民在生活上都起變化，全國出現了新貌，
如社會秩序建立更好，食物變得豐富而多樣性，衣飾有高品質

---

107. 《球陽》，目 1103。
108. 《琉球國舊記》，頁 77。

與新式樣，住屋較前安全堅牢，交通也有了新工具與制度，在在說明了琉球國中因中國物質文化的影響而更形發展進步，「蠻貃之邦」變為「守禮之邦」了。

　　然而，人類文化除求生、求偶以外，還會進一步的求安與求知；琉球的情形也不例外。他們在衣食等問題仿行中國制度的同時或之後，也注意到人類心理上滿足慾望與逃避災禍等事，甚至還理智地探索思想學術上的若干問題。因此中國精神文化也成為明清琉人追尋的目標，從朱子學到政府典章、家族制度、宗教、醫學、詩文、藝術等等，無一不經由華人傳入琉球。這些問題不在本文論述之內，他日當另文鈎考實狀。

(Collected Essays on Local History of The Asian-Pacific Region: Contribution of Overseas Chinese) 香港大學亞洲研究中心主辦／林天蔚主編

參、

康熙皇帝對中琉關係延續
與加強的貢獻

　　中國與古琉球王國的民間交往可能發生得很早，但是兩國官方建立封貢關係則是在明朝洪武年間才開始的。自楊載奉詔書至琉球直到明末萬曆時代的兩百多年當中，中琉封貢關係一直是在正常、和諧情形下進行的；然而日本薩摩藩侵琉與滿洲的代明有國，使得中琉關係出現了危機，甚至一度趨於中斷，幸賴清朝康熙皇帝眼光遠大，以明快手法與正確觀念，解決了問題，終使中琉關係恢復了正常，兩國間的封貢制度得以重新建立。因此康熙一朝的中琉交往史事值得作一觀察，康熙皇帝在此一外交事務上所作的貢獻也值得吾人重視。

　　清初中琉關係的恢復與康熙皇帝的貢獻可以分以下幾點做一簡要說明：

一、康熙皇帝對中琉封貢關係十分重視

　　按照明初所建的中琉封貢關係，中國對琉球有宗主權，因此琉球國王是受明朝冊封在琉球治理人民的；國王一旦去世，琉方即應派報喪使來華，中國方面則派出專使去另封新王，以正名分。不過，中國派冊封使到琉球時，除正、副使臣外，都帶有從客、兵丁、雜役等等的多到數百人，這對地小貧瘠的琉球來說，確是一項負擔；且當年海上風信無常，交通不便，中國使臣等常需在那霸留駐一段很長的時間。所以報喪請封的事也有不按規定辦理的，有時候中國使臣去冊封的是世孫，有時是經過幾代才行一次冊封禮的。明朝末年，更因戰亂的關係，中琉封貢關係尤為不正常。如崇禎十四年 (1641)，琉王尚賢嗣

位，曾遣專使來華入貢，並請襲封；但是時值明清之際，戰火使道路阻隔，專使金應元未能達成任務而返歸琉球。尚賢在位七年後去世，其弟尚質繼位，其時北明已經覆亡，清人已入主北京；琉球雖幾次試圖向南京福王與福建唐王入貢，但南明政權相繼失敗，琉球乃決定歸清，差陪臣與通事到北京納款。順治八年 (1651)，清世祖順治皇帝命令琉球先繳出明朝所頒的敕印，以便授封。**①**順治十年 (1653)，琉王遣使來華繳印請封，乃正式建立清廷與琉球的封貢關係。**②**順治十一年 (1654)，清帝命張學禮、王垓為正、副使，往封尚質為中山王，並賜詔書一道，鍍金銀印一顆；然而福建沿海戰事頻仍，海道不通，張學禮等無法成行，只得還京待命。順治十八年 (1661)，清世祖逝世，聖祖繼位，翌年改元康熙。由於新君對中琉關係的重視，乃再度下令要張學禮等往封琉球國王；張等一行南下福建後，仍「因道阻未及渡海」，皇帝不以為然，命「閩浙總督，造舟送往」，並責斥張學禮等「逗留遲誤」，認為應治以罪。**③**可見康熙皇帝對此一中外關係恢復的態度，相當堅持與積極。

　　張學禮等一行於康熙二年 (1663) 到達琉球，完成了清朝第

1.《大清會典事例》，卷 502，頁 3 上（臺北，中文書局重印本）。

2.《大清會典事例》，卷 502，頁 3 上。琉王遣使在順治十年，清帝頒詔則在十一年。

3.《大清會典事例》，卷 502，頁 4 上。另徐葆光《中山傳信錄》亦記此事（見《那霸市史》（資料篇），〈冊封使錄關係資料〉，第 1 卷，頁 120）。

一次冊封琉球國王的任務；他們遵行康熙皇帝「宜加優恤」的原則，進行了一次成功的外交活動，也為日後中琉封貢關係奠定了良好的基礎。

康熙朝第二次冊封琉球國王是在康熙二十二年 (1683)。根據可靠資料，此次遣使封琉也經歷若干周折，不過由於皇帝態度的堅決，封舟不但順利成行，清朝與琉球的封貢關係也藉以按古禮正式確立了。現在就以史料中所記的來看看當時的經過情形。《清實錄》康熙二十一年正月壬申日條記：

> 禮部題，琉球進貢來使毛見龍等請命廷臣往封伊國王，今議將封敕交與來使齎回。得旨：伊等輸誠，懇求遣使，應特遣官往封。❹

康熙二十一年四月辛卯日《清實錄》中又記：

> 命翰林院檢討汪楫為正使，內閣中書舍人林麟焻為副使，往封琉球國世子尚貞為琉球國中山王。❺

同年八月庚子日條又說：

> 奉使琉球翰林院檢討汪楫、內閣中書舍人林麟焻陛辭。上諭曰：琉球海外小國，爾等前往，務持大體，待以寬和，以副朕懷柔遠人之意。

4.《大清聖祖仁皇帝實錄》，卷100，頁 14–15（臺北，華文書局重印本）。
5.《大清聖祖仁皇帝實錄》，卷102，頁 6–7。

同書又稱：「賜琉球國王御書『中山世土』四大字。」**6**

從《清實錄》的記載看，此次遣使似乎相當順利；然而清康熙《起居注冊》中則有比較詳盡的敘述。首先在康熙二十年十二月二十一日條就有：

> 又禮部題琉球國尚貞襲王諭旨，並故王尚質恩卹祭文，今來使齎回事。上曰：「琉球國世子尚貞父子歷盡臣義，忠誠深為可嘉。這本著依議，仍照前賞賜。」**7**

可見康熙皇帝對禮部決定是不同意的，他認為冊封詔書與對故王的恩卹祭文不應該由來使帶回，應由專使前往才是。

第二年正月二十四日，《起居注冊》中又見禮部舊事重提，君臣之間有著如下的對話：

> 康熙二十一年正月二十四日壬申。早，上御乾清門，聽部院各衙門官員面奏政事畢，部院官員出。大學士、學士隨捧摺本面奏請旨：為禮部題，琉球進貢來使毛見龍等，以特請命廷臣往封伊國王事，部議將封冊交與來使齎回。上曰：「伊等輸誠，懇切求遣使冊封，應特遣官往，著該部再議具奏。」**8**

6.《大清聖祖仁皇帝實錄》，同 102，頁 12–13。這件事對後世清代帝王影響也很大，因為雍正、乾隆、嘉慶各朝都相繼的賜琉球御書匾額各為「輯瑞球陽」、「永祚瀛壖」、「海表恭藩」等等，這是其他藩屬國家所沒有的。

7.《康熙起居注》，二十年十二月二十一日條（北京，中華書局排字本）。

康熙皇帝再一次的強調「應特遣官往」，大臣們也就只有遵辦了。當時禮部官員之所以想要琉球貢使將文件帶回，主要的原因是福建方面正在動員大軍，籌措糧草，準備對臺灣發動攻擊，亦即施琅的征臺之役。但是康熙皇帝不管閩疆戰事，毅然差遣專官往封，其對中琉關係的重視，由此可見一斑。

康熙皇帝對於此次選派正、副使臣也極為慎重，在同年四月初七日的《起居注冊》中即載明此事：

> 又禮部題遣往冊封琉球國王，以檢討汪楫為正使，中書林麟焻為副使。上問曰：「此二人何如？」明珠奏曰：「汪楫係薦舉博學弘詞，揚州人，家貧，人優。林麟焻係臣衙門中書，其人亦優。」上顧學士庫勒納問曰：「汪楫學問如何？」庫勒納奏曰：「文學頗通。」上又問曰：「其人如何？」庫勒納奏曰：「人亦甚優。」上頷之。**❾**

汪楫等人向皇帝辭行請示的記事，《清實錄》中僅寥寥數語，而《起居注冊》裡則著墨較多：

> （康熙二十一年八月二十五日）奉使琉球正使翰林院檢討汪楫、副使內閣中書林麟焻陛辭，奏曰：「臣等奉命遠使海外，萬里宣揚威德，不敢不竭蹶報稱，恭請皇上諭旨。」上曰：「琉球海外小國，爾等前往，務持大體，待以寬和，以副朕

8.《康熙起居注》，二十一年正月二十四日條。
9.《康熙起居注》，二十一年四月七日條。

懷柔遠人之意。」上又問曰：「爾等更有請旨事宜否？」汪
楫奏曰：「臣等因奉使具有條奏，已蒙皇上准行四事，允頒
御筆，天藻輝煌，聲教遠被於海國，臣等不勝欣幸。聞海外
日本諸國與琉球往來，今皆瞻仰德化。如有通貢之事，允行
與否，非臣等所敢擅便，恭請皇上指授，以便凜遵聖諭，臨
時應對。」上曰：「若有通貢等事，爾等報部，聽部議可
也。」諭畢，汪楫等出。……巳時，上召滿漢講官至乾清
門，牛鈕、陳廷敬進見乾清宮。上諭曰：「琉球世為外臣，
今奏請嗣爵，故特遣使冊封。朕書『中山世土』四大字，命
使臣賚賜。汝等將賚賜書傳令大學士及講官詳看，有未妥處
據實來奏。」牛鈕等捧至內閣，大學士勒德洪、明珠、李
霨、王熙及講官等設案恭閱，眾皆忭躍稱善。牛鈕等至宮門
覆旨，上命侍衛二格出。牛鈕、陳廷敬奏言：「頃大學士、
講官等捧覿御筆，驚喜讚頌，以為盡善盡美，毫髮無憾，超
軼前古帝王。琉球得此，永為鎮國之寶。」牛鈕、陳廷敬等
又奏言：「海外屬國，得瞻宸翰，咸知皇上以人文化成天下
之意。遐荒萬里，如對天顏咫尺，懔威懷德，服教畏神。自
古史冊所載，未有如此盛事。臣等恭際休明，不勝欣幸之
至。」**10**

汪楫所稱的「已蒙皇上准行四事」一節，事實上汪楫當時請求
了七件事，皇帝只准了四件，徐葆光在《中山傳信錄》提到這

10.《康熙起居注》，二十一年八月二十五日條。

件事：

> ……楫等疏陳七事：一、請頒御筆。一、請照例諭祭海神。
> 一、渡海之期不必專候貢使。一、請帶修船官一同渡海。
> 一、請給官防。一、請增兵護行。一、請預支俸銀。奏上，
> 御大筆書「中山世土」四字賜王，特許帶修船匠役隨行，製
> 祭文二道祈報海神，並給俸二年以往。⓫

又御筆「中山世土」四大字一事，也發生少許周折，幸好
皇帝自有主張，《起居注冊》也略略談到一些：

> （康熙二十一年七月二十日）又為差往琉球翰林院檢討汪
> 楫，奏請皇上親書御筆等項，禮部議不准行事。上問曰：
> 「爾等以為何如？」明珠奏曰：「似應照伊所請准行。」上
> 曰：「然。出泛大洋，船隻損壞亦未可定，仍著修船匠役酌
> 量帶去。」⓬

汪楫等一行是康熙二十二年 (1683) 抵達琉球的，《球陽》一
書中記：

> 冊封使汪楫、林麟焻等齎敕至國，並欽賜御筆「中山世土」
> 四字。又記：「並蟒緞錦幣賜王及妃。」⓭

11.徐葆光，《中山傳信錄》，頁 49。

12.《康熙起居注》，二十一年七月二十日條。

13.《球陽》，527 條。

　　總之，康熙二十二年 (1683) 汪楫等人的冊封琉球國王，是在「禮部執不可，上特允之」的情況下舉行的，皇帝在這件外交事務上的貢獻是應該被肯定的。

　　康熙朝第三次遣使行琉王冊封禮是在康熙五十八年 (1719)。早在康熙四十八年 (1709)，琉球國王尚貞病故，因其世子尚純先於其父逝世，故由世孫尚益繼統；但是尚益在位僅三年即病逝，時在康熙五十一年 (1712)。尚益的長子尚敬乃於康熙五十二年 (1713) 嗣位。尚敬雖未經冊封，但是他仍按舊制於康熙五十二年 (1713)、五十四年 (1715) 及五十六年 (1717) 分別按期遣使入貢。康熙五十六年 (1717) 當琉使抵達北京時，便向清廷提出襲封的請求，尚敬在奏呈的疏文中稱：

> ……念臣小子，曾孫承祧；然候服有度，不敢僭稱。王業永存，循例請襲。俾臣拜綸音於海島，砥柱中流；膺誥命於波區，雄藩外甸。謹遣陪臣耳目官夏執中、正議大夫蔡溫等虔齋奏請，伏望聖恩體循臣曾祖事例，乞差天使封襲王爵；上光寵渥之盛典，下效恭順之微忱，庶藩業得以代代相傳，預祝皇恩世世不朽矣！ **14**

清朝官書中也記載了有關的事，如《大清會典事例》康熙五十七年條中有：

> 琉球國王世曾孫尚敬具奏，自四十八年中山王尚貞薨逝、世

14.徐葆光，《中山傳信錄》，頁 50。

子尚純早逝，世孫尚益權署國事，未及請封亦薨；今遣耳目官、正議大夫等，請封襲王爵。奉旨：琉球國世守臣節，忠誠可嘉，准該國王世曾孫尚敬所請，敕賜承襲琉球國中山王，遣使行敕封禮。**15**

《清實錄》中也記：

（康熙五十七年五月庚辰）　遣翰林院檢討海寶、編修徐葆光，諭祭琉球國故中山王尚貞、尚益，並冊封世曾孫尚敬為中山王。**16**

　　海寶一行於康熙五十八年 (1719) 六月初一日抵達琉球行冊封禮，到第二年二月才返國，前後在琉球勾留了二百五十二天，是明清歷次使臣中在琉球居留最長的一次出使。

　　從以上康熙朝中琉關係恢復與延續的過程中，我們可以看出：康熙皇帝一直認為琉球是「世守臣節，忠誠可嘉」的國家，琉王不但不理耿精忠的多次遣使招附，也不像安南那樣沒有原則的歸順於吳三桂，琉球是「理應加以優恤」的；因此不論是在他即位之初，或是閩海大戰爆發的前夕，或是琉王在三代以後才請封，康熙帝都是有請必應的派遣專使，並不顧大臣反對，不怕實際困難，堅持中琉關係的正常恢復，且在「務持大體，待以寬和」的理念下進行。琉球也因康熙的熱誠積極態度而感

15.《大清會典事例》，卷 502，頁 5–6。

16.《大清聖祖仁皇帝實錄》，卷 279，頁 9 下。

動，從此傾心修貢，使中琉封貢關係得以又維持了兩百多年。

二、康熙皇帝給予琉球寬厚的待遇

康熙皇帝不但以誠信的態度、堅毅的作法重建了幾乎中斷的中琉封貢關係，同時他也務實的注意到琉球與中國交往中的經濟利益。他曾設法從多方面給予琉球優厚待遇，例如：

(一)減免貢品

朝貢國對宗主國呈獻貢品是應盡的義務之一。琉球國與清廷重修友好關係後，仍是依照明朝制度呈獻貢物。據順治十一年 (1654) 的紀錄，當時入貢的物品計有：

> 金飾柄匣佩刀、銀飾柄匣佩刀、金酒瓶、銀酒瓶、泥金畫屏、泥金扇、泥銀扇、蕉布、苧布、紅花、胡椒、蘇木、馬、螺殼、硫磺等物。**17**

事實上，詳細貢品項目還不止於此，其中不少又是琉球不產的外國貨。康熙帝即位後不久，便加以部分減免，琉球史書曾記述了此事：

> ……（毛清榮）又具奏請貢物內瑪瑙、柤香、降香、木香、束香、丁香、黃熟番、烏木、錫、象牙等項，係乎他國之產，非琉國之出產。除此十項外，以獻琉國之土產。《世譜》云：常貢外加進紅銅六百觔、黑漆龍畫螺盤十個，稱為外

17.《大清會典事例》，卷503，頁2。

貢。外貢自此始，並蒙皇上許其請。[18]

按照傳統中國的封貢制度，向宗主呈獻貢品應是該藩屬的土產。
康熙皇帝應毛清榮之請，准予免貢瑪瑙等十項琉球不產之物是
合乎古制的，也是藉以減輕琉球經濟負擔的，確實是實行「優
恤」的主張。

康熙六年 (1667) 以後，皇帝又多次減免或調整琉球貢品，如：

> （尚質王二十一年）耳目官吳文顯、正議大夫王明佐等奉表
> 入貢，時於外貢內減去黑漆龍畫盤十，而進黑漆鈿螺茶鍾一
> 百個，聖祖降敕獎諭。[19]
>
> （尚貞王十四年）王遣使進貢時，常貢內加進紅銅三千斤。
> 聖祖於貢內以圍屏紙、磨刀石、蕉布，悉以免之，永著為
> 例。[20]

琉球尚質王元年即順治五年 (1648)，尚貞王元年為康熙八年
(1669)。清朝官書裡也有關於康熙減免琉球貢品的記事，如：

> 二十年奉旨：琉球國進貢方物，以後止令貢硫磺、海螺殼、
> 紅銅；其馬匹、絲烟、螺鈿器皿，均免進貢。[21]

又如康熙二十七年 (1688)，皇帝也降旨稱：

18.《球陽》，364 條。
19.《球陽》，414 條。
20.《球陽》，513 條。
21.《大清會典事例》，卷 503，頁 5 下。

> 琉球國航海入貢，途道勞煩，海螺殼嗣後免進。[22]

從減免貢品一端來看，康熙皇帝所稱的「待以寬和」一語，顯然不是口號。

㈡增加賞物

中國人一向重視「禮尚往來」，屬邦既然呈獻貢品，宗主國當然應該有所賞賜。順治十一年 (1654) 制定的賞賜物品計為：

> 賜國王蟒緞二疋、綵緞六疋、藍緞三疋、素緞、閃緞各二疋、錦三疋、紬、羅、紗各四疋。
>
> 賜王妃綵緞四疋、粧緞、閃緞各一疋、藍緞、青緞、錦緞各二疋、羅、紗各四疋。[23]

康熙繼位以後，一方面因為琉球的忠誠，另一方面則是為雙方友好關係的加強，清帝不斷地對琉王增加賞賜。如為了獎勵琉王「不從耿之忠」曾「加賜錦幣」。汪楫等達成冊封任務後，琉使即來北京謝恩，皇帝又「恩加給緞十匹」，並著為例。後來又以琉球忠順的緣故，「恩加例賞緞四十匹為五十匹」。[24]這也就是清官書中所述的「琉球國王原賞緞二十疋，今加三十疋」。[25]直到康熙末年，皇帝對琉王的賞賜仍有增加，清官方曾記在康熙六十年 (1721) 時，「琉球入貢加賜國王蟒緞、閃緞、錦

---

22. 《大清會典事例》，卷 503，頁 7 下。
23. 《大清會典事例》，卷 506，頁 2 下。
24. 《球陽》，529、530 條。
25. 《大清會典事例》，卷 506，頁 7 上。

緞各二疋，青藍綵緞、藍素緞、素緞、紬、羅、紗各四疋」的
事。[26] 另據琉球史書記載：「舊制給賞緞疋，皆係外庫所貯。
（康熙）命部換賜內庫緞幣，俱著為例。」[27] 內庫之物在質料
上必然優於外庫。由此可見：康熙皇帝對琉球國王的賞物，不
但在數量上不斷的增加，在質料上也作了改進。這當然有助於
兩國邦交的增進。

㈢便利貿易

　　在明清兩代的封貢制度下，藩屬國來華貿易是有優待的，
但也有一些規定。清順治初年制定：「外國貢使來京，頒賞後，
在會同館開市，或三日，或五日；惟朝鮮、琉球不拘期限。」
又有規定說：「外國船，非正貢時，無故私來貿易者，該省督撫
即行阻逐。」 或是 「正貢船未到，護貢、探貢船，不許交
易。」[28] 康熙時代，福建地方官員曾向皇帝作了徵收琉球貿易
船關稅的建議，但未被皇帝接受，康熙《起居注冊》裡談到這
件事：

> 禮部覆准福建總督王國安題外國進貢船隻應行抽稅，令其貿
> 易。上曰：「外國私自貿易船隻，或可抽稅。若進貢船隻亦
> 行抽稅，於大體不合，亦非朕柔遠之意。」[29]

---

26. 《大清會典事例》，卷 506，頁 8。

27. 《球陽》，545 條。

28. 《大清會典事例》，卷 510，頁 16 下。

29. 《康熙起居注》，二十四年四月十九日條。

儘管琉球入貢是兩年才舉行一次，但是琉球常常以很多名義派船來華，如謝恩、慶賀、敬香、報喪、請封、迎接貢使、護送難民等等；因此經年不斷的有船隻來福建貿易，而且買賣物品的銀兩數字也很可觀。這些貿易船多半在浩蕩皇恩下是免稅的，福建官員有收稅的建議自有其原因，不過康熙皇帝仍執著「優恤」的原則，不予允准。

康熙皇帝不但反對對琉球來船收稅，同時他更以其他方式使琉球獲得更多的經濟利益。《球陽》一書中曾記：

> （尚貞十年）王遣耳目官陸承恩、正議大夫王明佐等奉貢方物，並奏乞增船一隻，迎接敕書及貢使，以便往來，聖祖從之。接貢船從此而始焉。[30]

增加船隻當然就增加了貿易的機會與數量。接貢船在剛開始時是需要納稅的，但後來在琉球使臣的請求下，康熙皇帝又允准免稅了。清朝官書的說法較為簡略：

> （康熙）二十八年准議：琉球國入貢，兩船人數准其增加，共不過三百名。接貢一船，亦免收稅，合三船之數。[31]

琉球對此事的紀錄內容顯見豐富，值得一讀：

> 耳目官毛起龍、正議大夫蔡鐸等奉表入京。先是，接貢船於

30.《球陽》，483 條。

31.《大清會典事例》，卷 514，頁 2 上。

關上納稅費用甚多，且明朝以來，所遣貢船二隻，以百五十人為定，而海闊人少，往來不便，由是具疏以乞免稅並加增人數。禮部議奏：琉球納稅照荷蘭國例，該應蠲免，止貢船人數應遵《會典》，何必更增。聖祖曰：琉球來貢最久，且吳三桂、耿精忠謀叛之時，安南歸吳三桂，琉球則耿王遣使招之，終不肯服，而克篤忠誠，恪恭藩職，其恭順之誠，深可嘉尚，命下再經部議。貢船以二百人為定，並接貢船被免納稅。[32]

　　根據資料，順治十一年 (1654) 曾規定「琉球進貢人數，不得過百五十人」，康熙「允其增加，共不過三百人」，足足增加一倍人數。而且接貢船又予免稅，康熙皇帝對琉球的愛顧可謂備至了。

　　根據以上史實，我們可以確知：康熙皇帝對琉球的「柔遠之意」不是一般的施以小惠，而是從多方面給予利多的優遇。他不但給琉球國的貢品減免了一些項目，特別是琉球國內不產的物品；同時他堅持貢船不抽稅的傳統政策，蠲免了各種以公事名義來華琉球船隻的關稅。此外，他又增加對琉王與大臣的賞物，增加接貢船一隻，增加三船的總人數。在在說明了他對琉球的優待，而且都降旨「永著為例」，使後世琉球王臣可以永遠享有。

---

32. 《球陽》，545 條。

三、康熙時代中華文化不斷的傳布琉球

自從明初中琉建立封貢關係以後，中華文化就不斷的東被琉球。傳布中華文化到琉球的媒介人物不外是移居琉球的華人、中國冊封使與從人、琉球來中國朝貢的使臣與藉入貢來華的其他琉球短期求學人等、中日籍的禪僧以及琉籍與華裔的來華留學生。儘管有明一代，中琉關係相當和諧，中華文化確有不少傳入的事實；但是康熙一朝，在這方面的成就，顯然是遠邁前朝。現在就分以下兩點，作一說明：

㈠中國使臣與從客所作的貢獻

康熙皇帝對於選派出使琉球的使臣至為重視，既重人品，又重學問；前後去琉球的專使張學禮、汪楫、徐葆光都在回國後寫下了出使紀錄，成為中琉關係史的重要典籍，而隨著使臣出洋的從客又多是詩文書畫方面的專家。因此，每一次中國冊封使團到琉球，都會使琉球更深一層的「沾染漢俗」。先看徐葆光《中山傳信錄》轉載的程順則〈聖廟碑記〉：

> ……萬曆間，紫金大夫蔡堅始繪聖像，率鄉中縉紳祀於家。康熙十一年，前紫金大夫金正春啟請立廟，王允其議，迺卜地久米村，令匠氏庀材，運以斧斤，施以丹艧，迄康熙十三年告竣。越明年，塑聖像於廟中，左右立四配，王命儒臣於春秋二仲丁日，行釋奠禮。

徐葆光又在同一書中說：

康熙十三年立廟，尚未有學。康熙五十六年，紫金大夫程順
則因學官未備，取汪、林二公廟記之意，啟請建明倫堂；又
於堂中近北壁分小三間，奉祀啟聖並四配神主。五十七年秋
七月起工，冬十月告成。明倫堂左右兩廡，蓄經書籍文各
備。[33]

　　以上是孔廟與儒學正式傳授的一些記事，由此可見在康熙
一朝，關係至為重大，不但卜地建廟，行釋奠禮，更進而修明
倫堂，儲書講學；而程順則是「取汪、林二公廟記之意」才向
國王請建明倫堂，證實了汪楫等人使琉時在這一方面的貢獻。

　　汪楫在他的《使琉球雜錄》中曾說：琉球「國人無姓，或
以所生之地為名，或以上世所官之地為名。至奉使天朝，或出
謁天使，則旋乞姓名書手板上，與本名異。如法司官毛泰永本
名伊野波親方，伊野波地名也」。[34] 汪氏用「旋乞」二字充滿表
示了琉球在姓名文化方面的簡陋。然而汪氏奉使返華後五年，
琉球國即設置了御系圖官，並令群臣製作家譜，不久國王更因
製譜而賜姓群臣，於是「群臣悉皆有姓」。[35] 汪楫在琉期間，查
看並鈔錄過琉球王室的譜系，回國後並寫成了專書。琉球國王
在汪楫走後不久，突然成立專管家譜的御系圖機關並賜姓群臣，
此事或因汪楫的活動與言論觸發而起，未可知也。

33.徐葆光，《中山傳信錄》，頁 82。

34.汪楫，《使琉球雜錄》，頁 6。

35.《球陽》，551 等條。

　　從飲食文化方面也可以看出中國使臣給琉球的影響，特別是在康熙年間為甚。據明末崇禎六年 (1633) 到琉球的冊封使胡靖說：「國王設宴，例用貼廚，則天使自帶十五人，為王辦宴。」可見當時琉球國宴仍是中國廚師代為製辦的。至於民間食事，琉球人仍是「食用手，無匙筯」，或是「飲食二餐，餐以一碗為度，凡肴饌，盡乾製，無調羹」。**❸⑥** 然而到康熙二十三年 (1684)，汪楫等人使琉時，情況顯然不同了。他看到的是：

> ……燕會人各一器，不共食。刓木為椀，椀小並無多設；而召中國人飲，則亦如中國之制，磁盌羅列，亦設調羹。通事云：「數年前尚未有此，日趨華侈矣。」**❸⑦**

康熙末年到琉球的徐葆光也說：

> 今其貴官對客，亦效中國同器、分筯飲食。**❸⑧**

所見與汪楫差不多，比明代大有不同了。

　　康熙朝隨使臣到琉球的從客很多，其中不乏專門人才，且舉一例似乎就可以說明他們傳布中華文化到琉球所作的貢獻了。如蘇州人「陳翼（友石）授王（按指琉球國王）世子三人琴藝，曲名有平沙落雁、關雎、秋鴻、漁樵、高山流水、洞天、塗山等」；又杭州「吳燕時（羽嘉）業黃岐，義診授徒數人」。**❸⑨**

36.胡靖，《杜天使冊封琉球真記奇觀》，頁 42。

37.汪楫，《使琉球雜錄》，頁 55。

38.徐葆光，《中山傳信錄》，頁 157。

他們都是康熙初年去琉球的，至今仍影響著琉球的古樂與漢醫文化。

(二)琉球使臣與留學生所作的貢獻

　　琉球來華朝貢，每次都有兩三百人，他們乘船到達福州之後，通常分為幾組，一組由正副使率領，約二十人，由陸路北上京城，擔任真正的朝貢任務。其他的則有人留在福州學藝，或在福州經商購物。等使臣完成朝貢事務南下福州時，大家再一同返國。這些琉球人在中國居留少則幾個月，多則一兩年，尤其是一些在福州讀書學藝的，留華的時間則更長。此外，從明初洪武年間起，琉球即派遣學生來中國當官學生，在國子監中讀書；有明一代雖不斷派出，但傑出的留學生不甚多。明清之際一度停止留學，但在汪楫使琉後，又建議康熙皇帝收取琉球學生；從此一直到清末，琉球學生入國子監讀書事，未嘗中斷過。以上這些朝貢使臣、官費留學或自費在福州學藝的琉球學生，先後來華的為數很多，他們吸收了大量的中華文化，帶回琉球，使琉球王國從「鄙陋朴野」提升為「守禮之邦」了。現在僅就康熙朝的一些事實，略作敘述。

　　先從物質文化層次方面說。康熙五年 (1666)，琉球人陸得先奉政府之命，隨慶賀使到福州，在南鼓山一帶，延師學得燉白糖與冰糖之法，從此使琉球糖業生產有了精緻的發展。[40] 康熙九年 (1670)，有位琉球人叫宿藍田的，曾隨貢使到福州等地，學

39.張學禮，《中山記略》，頁 2。

40.《球陽》，349 條。

得製造瓷器之法回國；[41] 因此到康熙末年，一般琉球人家所用的「瓶、罍，多類中國」了。[42] 耿精忠在福建反清時，那霸人關忠勇逗留於蘇州，後來回到本國，將製造絲棉、白絲及煮螺等法，「遍教於人」。[43] 另外，琉球官府與民間建屋，以往多以茅草與薄板蓋頂；到康熙年間，宮殿、廟宇與民房則「改蓋以瓦，以致壯麗鞏固」了，[44] 而且「瓦如中國瓴瓦，非此不能禦颶故也」。[45] 又琉球各地橋樑，原是木橋；但是木橋「或為蟲蛀所害，或為風雨所傷」，因此到康熙年間，國王下令改建石橋，而主其事者，多為華人。[46] 以上是食衣住行有關的一鱗半爪，相信已經可以說明琉球在康熙年間物質生活改進的部分情形了。

　　再就精神文化層次來說，康熙時代對琉球也是影響很深遠的一個時期。琉球國內創建關帝王像與奉安土帝君，都是從康熙時才開始的。[47] 康熙六年 (1667)，國王「始以三十日，定父母之喪」，「國君已薨，猶行三年之喪。庶民若不行三年之喪，而不貼對聯，不看龍舟，並祈神、祭社、拜節、唱歌、攜妓為戲等」。[48] 徐葆光在康熙末年使琉時，看到因國王去世，「男女各

41.《球陽》，437 條。
42. 徐葆光，《中山傳信錄》，頁 163。
43.《球陽》，附目 85 條。
44.《球陽》，436 條。
45. 徐葆光，《中山傳信錄》，頁 157。
46.《琉球家譜資料》，久米系，頁 551。《球陽》，479 條。
47.《球陽》，630 等條。
48.《琉球國舊記》，頁 86。

官孝服，每日臨哭」；而「通國平民死，葬皆用棺槨……會葬者，皆衣白蕉衫」。[49] 琉球人既然祀奉中國人的神祇，又仿行中國對死去祖先崇敬的一些禮儀，當然風水之學也就逐漸注重了。琉球講中國風水之事，在明初三十六姓移民到琉球時應該就隨之移植島上了；但是國王與臣民重視並倡行風水之學則是在康熙時期才肇其端的。康熙六年 (1667) 丁未，周國俊入閩研習地理，[50] 此後琉人奉王命或自費到福州等地拜師學風水的就頗不乏人了。如康熙四十七年 (1708) 蔡溫在福州從劉先生精學地理，五十六年 (1717) 紀士顯入閩三年，「從林先生學地理」。[51] 而且此一風氣直到清末而未衰，因為王室府第與陵墓的建築都特重風水之事。[52]

　　此外自康熙朝開始，琉球王臣與一般人民對中國字畫的雅愛、琉使與留學生漢詩漢文著作的增多，也是事實。由於此類資料極多，這裡不擬贅述了。

　　綜合以上所述，我們可以得到一些簡單結論：中琉兩國的友好關係，自明初洪武年間建立以來，一直在和諧氣氛中進行。但是到明朝末年，由於日本勢力的介入，以及滿清入主中國，使得中琉關係深受影響，幾乎中斷。清朝康熙皇帝繼位後，以前瞻眼光，堅決信念，明快作法，排除萬難的恢復了中琉關係。

---

49. 徐葆光，《中山傳信錄》，頁 151、157。

50. 《琉球國舊記》，頁 87。

51. 《琉球家譜資料》，久米系，頁 207、366。

52. 《琉球家譜資料》，久米系，頁 595、689；《球陽》2206、2207 等條。

他並以真誠積極的態度對待琉球，以從優實惠的條件使琉球獲利，藉以增強雙方的關係。由於中琉交往在和平安定中順利的發展，中華文化也從多方面傳布到琉球，使得琉球的食物更形豐富與精緻，衣飾的品質更為提高，居家環境更為美觀安全，橋樑交通較前牢固，社會更有秩序，精神更有寄託，變成了名副其實的「守禮之邦」，我個人認為這種種都可以視為康熙皇帝的事功與貢獻。

肆、

清代琉使在華行程與活動略考

一、引　言

　　根據清代官方紀錄，琉球是在順治八年 (1651) 向清政府納款請封的，清世祖隨即頒降敕書，諭令琉球將明季敕印繳換，以名實相符。順治十一年 (1654)，琉球使臣來華，繳出明季鍍金銀印一顆，襲封王爵詔一道、敕書一道。清廷驗收後便正式承認與琉球的宗主關係，並新頒詔敕各一道，鍍金駝紐銀印一顆。同時規定「琉球朝貢，二年一次」。**❶** 從此雙方使節就不斷地往來了。

　　琉球使節來華，在清代與明代都一樣，除了正貢使臣之外，還有其他的來華專使，如在清代皇帝生日、冊立東宮、新君踐位或是冊封皇后等等的喜慶場合，都常會派人來中國祝賀。另外凡遇琉球國王薨逝，必遣使來華報喪，新王受封以後，也有專人來華謝恩，因此琉使來中國的名目繁多，人數頗眾。本文所要討論的僅擬限於琉球正貢來的使臣，談談他們當時到中國以後的情事。

　　清代琉使在華的行程與活動，眾所周知的，實際上有不少當年來華的琉球使節們已有文字記述了。如乾隆四十八年 (1783)，隨正使毛廷棟來華的都通事金策就留下一份簡明扼要的紀錄：

1.《大清會典事例》，卷 502，頁 3 上下及頁 16 上（臺灣中文書局影印版，頁 11751、11758）。

（乾隆四十八年）四月初六日，那霸開船到馬齒山。初十日開船，十九日到怡山院地方。二十八日到官田墩。五月初八日安插館驛。六月初四日投納貢物硫礦。九月二十二日，各官在布政司衙門會驗表章、貢物、併賜筵宴。十月初九日，福州起程。十二月二十一日詣京。二十二日詣禮部衙門，進呈表章咨文。甲辰正月元旦詣太和殿前，同中華眾官，行朝賀禮。初九日投納貢物銅錫。二十一日因皇帝起鑾南巡，在廣寧門外恭送聖駕。二月初八日詣午門前恭領欽賞緞疋，次蒙賞賜綵緞二疋，裏一疋，絹一疋，毛青布六疋。賞跟伴毛青布各六疋。初九日詣禮部衙門，蒙賜筵宴。十日在公館蒙賜筵宴。二十四日恭領敕書（今次因皇上南巡，遣官請旨，故賜敕遲滯）。二十六日，在京起程。四月二十二日，回到福州，公務完竣。乙巳正月十七日，捧敕登船。二月十三日，五虎門開船，處處灣泊。三月十一日，到三盤地方。十三日開船，二十二日回國。 **2**

又如雍正八年來華的蔡其棟、嘉慶間來華的蔡肇業、蔡邦佑等人，都曾寫過來中國的經過，尤其蔡其棟的記事相當詳盡，更值得一看。 **3**

---

2. 琉球久米系〈金氏家譜〉（目取真家），十二世金策〈勳庸〉條，頁128（《那霸市史》，〈資料篇〉，第 1 卷 6，家譜資料二（上），那霸市企畫部市史編集室印行）。

3. 琉球久米系〈蔡氏家譜〉（仲井真家），十二世蔡其棟「勳庸」條，頁311。

又薩摩藩主一向關心琉球朝貢清廷的事務，在清嘉慶元年（日本寬政八年，1796），曾向琉球使臣鄭章觀等人探詢貢清的經過，這次談話的內容，後來由藩邸儒臣赤崎楨幹寫成了《琉客談記》一書，書中記述琉使在華行程與活動頗多，歸結重點，約列如下：

㈠琉球貢使到福州後，先被安置在琉球館。九月底或十月初，正副使與隨從官員等人約十多人赴京。

㈡貢使赴京途中經過延平府、建寧府、衛州府、嚴州府、杭州府、嘉興府、蘇州府、鎮江府、揚州府、濟州府等地。從建寧府至衛州府由陸路，嚴州府至揚州府行水路。山東境內又經由陸路。歸程在山東由別路。一路風景奇絕美麗，非筆墨所能形容。

㈢貢使所經之處，各省都派護送官員，並有僕從五、六人，帶涼傘隨行。

㈣各省都備樂隊迎送貢使，水路途中，正使乘船，內有伶人奏樂。

㈤貢使行走陸地時皆乘轎，僕從隨員則騎馬或坐車。

㈥貢使過關卡時，守關官兵都鳴鑼擊炮。

㈦貢使所經各地一切供應費用均由官府支出，住宿多有館舍，餐食用具亦甚美好。

㈧九月十日左右福州起程後，約經四十多日後於十一月或十二月抵京，其路程六千多華里。

㈨在北京住琉球館，賜謁宴賚等活動共約四十日。

㈩拜謁清帝於太和殿，其殿甚為廣大。於絕早天色蒼茫中早朝，日升後皇帝登玉座。琉王貢物為硫磺一萬二千六百斤，紅錫三千斤，錫一千斤。

㈠朝鮮、琉球、安南、緬甸四外國，依次拜謁清帝，琉使拜謁時可著琉球服裝。

㈡禮部賜貢使宴兩次、使臣至京時有下馬宴。其禮在樑上先焚香，後賜茶，再賜酒饌，其盛華精美，難以記述。宴後餐上上器皿，均由各使攜歸。**4**

以上記述，可以說是相當精詳完備。

此外還有琉球政府所做的調查報告書《琉球人與大清國交往見聞概記》一種，其中記錄清代琉使在華的諸般情形，較之《琉客談記》，有過之無不及，舉凡貢使一行人數，福州衙門宴會，沿途水陸行程，禮部進貢儀注，拜謁清帝實況，御賜餐宴情形，拜領賞賜物品以及事竣南下各節，都有說明。**5** 由於這項調查文字很長，而且部分敘事又與《琉客談記》中的相近，這裡不擬贅述了。

1985 年，日本學者平和彥又因發現清道光朝琉使魏學源所寫的一本《福建省水陸貢道里程表》，而寫了〈近世琉球國的朝

---

4. 轉引自《沖繩千年史》，第二編「四王統の興亡」，第四章「外國の交通」，頁 89–90。

5. 《沖繩千年史》，第二編「四王統の興亡」，第四章「外國の交通」，頁 91–92。

京使節〉一文，這是歷來談琉使赴京路程最好最正確的文章，因為魏學源是依據他當時親歷的行程寫記的，而平和彥又實地去大陸考證，文章內容的真實性不言可知，[6] 對清代琉使入京路線的證實貢獻很大。

從以上所述的這些原始資料與近人著作中，我們已經了解當年琉使在華生活情形的梗概了，本文的寫作似乎無大必要；然而由於新史料的不斷發現與清代檔案的不常被人利用，清代琉使在華的行程與活動顯然仍有可能作深一層的探求與描述的，本文作者擬分以下幾項，鉤考當年實況，以就教於方家君子。

二、琉使在福州

琉球在清代向中國朝貢，不但貢期規定為「二年一次」，同時來華進貢的人數也有規定。早在順治九年 (1652)，清朝政府對所有朝貢國家議准了一項朝貢從人的條例：

> 各國由陸路進貢，每次不得過百人，入京止許二十人，餘皆留邊聽賞。由海道進貢，不得過三船，每船不得過百人。[7]

琉球顯然屬於後者。不過到順治十一年 (1654)，清廷專為琉球下達了一項命令：

---

6. 《南島──その歷史と文化──五》（南島史學會編，東京第一書房，1985 年出版），頁 239–277。

7. 《大清會典事例》，卷 514，頁 1 上。

> 琉球進貢人數，不得過百五十人，正副使從人十有五人入
> 京，餘留邊聽賞。**8**

康熙二十八年 (1689)，清廷又放寬了琉使來華的限制，同意：
「琉球國入貢，兩船人數，准其加增共不過三百名。接貢一船，
亦免收稅，合三船之數。」**9** 從此琉球每次入貢船隻都是兩艘，
從人兩百多名，入京進貢的以二十人為準，接貢船和正貢船一
樣，進出口貨物一概免稅。

琉球使節一行通常分頭號貢船與二號貢船來華，如果一切
順利，兩船在駛抵福州近海時約需六、七日的時間，然後經五
虎門，再將貢船寄泊在閩安鎮衙門隔岸的亭頭怡山江邊，等候
有關官員的驗關檢查。檢查琉球貢船的事常「由福防廳移會閩
安協飭令閩安巡檢」執行，有時需要兩天的時間才能檢查完畢。
然後護送進省，再經福防同知，會同福州城守營將官以及海關
委員一齊登船查看執照、貢物、防船軍器、土產、銀兩、官伴
人數，如果都與申報數目符合，就算完成入境手續了，琉球來
華的官伴人等也會被安插居住到柔遠驛裡，安定的小住一段時
期。進貢的琉球正副使、都通事、大筆帳、正使使贊、副使使
贊等二十八（有時多至二十四、五人）再由福建地方官員安排
北上京師，其餘的人留在館驛，從事買賣或學習技藝，等來年
使節南歸福建後，一同搭船回國。

---

8. 《大清會典事例》，卷 514，頁 1 上。
9. 《大清會典事例》，卷 514，頁 2 上。

　　由於海上風信無常，琉球貢船來華很難有一定的時間表。雖然一般的說法是春三月前後到福州，九月或十月間北上京師朝貢；但是事實往往不是如此。如蔡其棟是雍正八年 (1730) 十二月二十九日住進柔遠驛的，到第二年七月十二日才北上朝貢。金策是乾隆四十八年 (1783) 五月初八日「安插館驛」，十月初九日才自「福州起程」。當然也有使臣們在時間上是比較緊湊的，如道光六年 (1826) 馬開基等一行於十月十五日到福建，同月二十五日就由伴送官領路北上京城了。❿ 琉球使節們在進貢的工作完竣以後，回到福州時，又得在柔遠驛中居留一些時日，所以柔遠驛這個琉使們在中國臨時的家，有探究一番的必要。

　　柔遠驛在福州的水部門外，明代曾以「懷遠驛」為稱。⓫清代也有直接稱為「琉球會館」的，「在太保境，後衛前有十家，排李姓四戶，鄭、宋、丁、卜、吳、趙各一戶，代售琉商之貨」。⓬這座館驛，原有頭門、儀門、大堂、月臺及左右房舍三十二間；但是順治五年 (1648)，在南明抗清的兵火中頗受損壞，大堂、頭門、儀門都「頹為曠土」了，兩傍房舍也僅存十六間，破壞的相當嚴重。康熙五年 (1666)，清廷應琉球國王之請，重新修建，「使貢臣有棲止之地，方物無濕壞之虞，附驛曠地週圍砌墻，日夜巡邏，使貢使與居民無相混雜，嫌隙不生」。

10.《軍機處檔奏摺錄副》，道光朝第 57581 號（臺北故宮博物院藏）。

11.（清）徐景熹修《乾隆福州府志》，卷 18，〈公署〉條，頁 19 上（乾隆十九年刊本）。

12.（清）朱景星修《光緒閩縣鄉土志》，頁 255（光緒二十九年，鉛印本）。

然而到康熙十三年 (1674) 又遭三藩之變，耿精忠的反清戰爭中，
館驛復遭破損，因而在康熙十八年 (1679) 再度修葺。康熙三十
一年 (1692) 因「颶風大作，廂樓倒塌，墻垣崩頹」，福建布政使
等官特再修築。此後直到嘉慶年間，這座百年老屋才重事翻
修。⓭ 儘管柔遠驛在清代不斷地遭受天災人禍的毀損；但是這
座離福州城七里之遙的驛館環境非常清幽，風景相當美麗。館
外有瓊河環繞，「東有湧泉石橋諸勝，西有蓮峯雙塔諸奇」，難
怪康熙年間在驛館任教職的王登瀛曾列出「鼓山聳翠」、「野寺
聞鐘」、「飛閣流霞」、「長堤柳色」、「小圃荔香」、「遠川殘照」、
「瓊水春潮」、「石橋夜月」、「江邊漁火」、「隴畔農歌」樓東十
景以及「于山禪院」、「烏石凌霄」、「冶城畫角」、「雙塔雲封」、
「金雞古剎」、「鳳坂烟村」、「蓮峯挺秀」、「遠浦歸帆」、「平原
野色」、「曲沼荷香」樓西十景，稱讚柔遠驛「別有天地，非人
間也」。⓮ 王氏在風晨月夕，常與當時過訪逗留的琉使們以及琉
球學子們憑眺江山，也因而彼此結下了不少的文字姻緣。在康
熙三十年代，他曾為琉球使臣們寫下若干詩章，有的是為送他
們入貢的，有的是為送他們回中山的，還有是為悼亡作的，詞
情並茂，富真感情。現在抄錄幾首如下：

　　送蔡祚葊入貢

13.琉球《歷代寶案》，第 1 冊，頁 462；第 7 冊，頁 4321（臺灣大學影
　印本）。又《球陽》一書中亦有柔遠驛事，可參考。

14.（清）王登瀛，《柔遠驛草》，卷首序（日本內閣文庫藏抄本）。

奉簡重浮海，翩翩入帝州；使星明驛路，畫舫出江樓。

象闕天顏近，龍墀寵錫優；嶺梅初放日，待爾話燕遊。

送梁得剡入貢

東海風流士，曾遊璧水回；琴書光北斗，劍珮映三臺。

人帶烟霞氣，胸羅漢魏才；送君重入覲，聲價重金臺。

遙輓陳魯水

憶汝瓊河上，經年共著書；誰知歸國去，竟卜夜臺居。

海外音容邈，樓頭故舊疎；空留琴與劍，觸目淚重餘。

這首詩之前有一段小序云：「客夏驛樓，陳子告歸，離觴一舉，兩淚交頤，戀不忍舍。予謂陳子曰：古道交情，雖千里可同堂，異日再奉使至，握手話舊，當不遠也。詎意言旋未幾，忽爾仙逝，予聞中心愴然，率爾成韻，用寫悲懷，併以寄弔云。」可見陳魯水也是因入貢而在柔遠驛與王登瀛建立更深友誼的。

王氏另外還有〈同程素文、毛子翀、鄭克文、陳楚水、紅爾吉驛樓分賦〉、〈送程素文、鄭克文入都〉、〈送金浩然歸中山〉、〈送周熙臣〉、〈送麻舜玉〉、〈懷梁得聲〉、〈寄程寵文〉等詩，也都是為琉球友人而作的。[15]

同樣的，琉球使臣在柔遠驛中小住時也常有詩作，如蔡鐸有〈瓊河發棹留別閩中諸子〉、〈瓊河解纜〉等篇。[16]曾益作〈臺江發棹〉、〈瓊河解纜〉二詩。[17]甚至直到清末琉球蔡汝霖使華

---

15. （清）王登瀛，《柔遠驛草》，頁 8–10。

16. 蔡鐸，《觀光堂遊草》，頁 1、7 等處。

時，仍有多首詩篇是與柔遠驛有關的，如〈和鄭夫子題驛樓韻〉、〈和丁和承驛樓日暮韻〉、〈驛樓秋興〉、〈咏柔遠驛荔枝〉等等。[18] 總之，柔遠驛是當年中琉兩國人民文化交流以及友情建立的一個重要場所。

琉球使臣來中國的重大任務之一，是處理帶來的貢物。按照清朝政府的規定：

> 貢使到京，所貢方物，會同館報部，提督該管司官，赴館查驗，撥役管領，由部奏聞。貢物交內務府，象交鑾儀，馬交上駟院，刀、鹿皮、青黍皮等物交武備院，硫磺於未到京時，先交督撫收存。[19]

琉球的貢物中，向例有硫磺一萬二千六百斤、銅三千斤、錫一千斤以及其他不同的貢物。因此在琉球使臣入京以前，他們必需在福建將硫磺繳交給督撫諸官員收存，當然也會藉著這個機會拜會在福州一城的主要官員，如將軍、督撫、布政使、按察使等，並贈送他們琉球的土產。

兩艘貢船帶來的銀兩與非屬貢品的土產，在正副使等北上朝京以後，留在柔遠驛的琉人也開始貿易活動了。他們需先向地方主管官員報告開館的日期，福建官員同意他們開館後也下

---

17. 曾益，《執圭堂詩草》，頁1、4等處。

18. 蔡汝霖，《閩山遊草》（此刻本無頁數，係清同治癸亥（二年）欽思堂藏版本）。

19. 《大清會典事例》，卷503，頁2上。

令驛員與弁兵不得需索陋規，並嚴禁附近土棍奸臣入館，勾通局騙，串帶禁物。不過索陋規的事還是時有所聞，而買禁物也有通融的；現在就略述這方面的事實。例如乾隆十四年 (1749) 閩浙總督喀爾吉善就向皇帝報告過：同年四月底有不法通事洪世雄向琉使索取規禮銀兩，分給看守館驛的巡檢與千總各一百二十兩，又分給通事三人各四十兩，並向各衙門胥吏開銷了一百四十兩。喀爾吉善認為「天朝官吏向外番使臣婪取銀兩，更於國體攸關」，因而「飭令兩司嚴行究審，按律究擬」。[20] 可見想要禁革陋規是不容易的。

至於琉人購物回國是有若干禁令的。清順治元年 (1644) 政府頒布了禁令：「凡外國貿易，不許收買史書，黑黃紫皂大花西番蓮緞，並一應違禁兵器，焰硝，牛角等物。」[21] 康熙二十四年 (1685) 又定：「貿易番船回國，除禁物外，不許：潛運造船大木、鐵釘、油麻等物。」[22] 到乾隆二十八年 (1763)，清廷對琉球的禁運物品作了一次放寬的修訂。清官書裡有如下的紀錄：

> 奉旨：琉球國疏請配買絲斤，部臣議駁，自屬遵循例禁。第念該國為海濱遠藩，織紝無資，不足以供章服，據奏情奏懇切，著加恩照英吉利國例，准其歲買土絲五千斤，二蠶湖絲三千斤，用示加惠外洋至意，餘悉飭令如舊。[23]

---

20. 《軍機處檔奏摺錄副》，乾隆朝第 4471 號。
21. 《大清會典事例》，卷 511，頁 1 下。
22. 《大清會典事例》，卷 511，頁 2 下。
23. 《大清會典事例》，卷 511，頁 15 下。

乾隆三十年 (1765)，福建地方的督撫又因生絲加工製料不易，因而上奏政府，請准琉球在歲買絲斤之內，部分改配綢緞，扣抵絲數。**24**

其次又有大黃中藥一種，平常也是禁止外國人購買出境的，至少是不能私買帶走的。乾隆五十四年 (1789) 福建大員有這樣的一份報告：

> ……竊琉球國遣使由閩進貢，其隨帶土產雜物，臣魁倫照例免其輸稅，于乾隆五十四年六月初五日奏蒙聖鑒在案。茲夷使事竣回國，所有官伴人等，置買貨物，造冊請驗並據於冊內聲明大黃一種，雖屬須用，但遵奉例禁，不敢私買等情前來。臣魁倫隨飭令南臺口委員防禦常春等，逐一細查，驗與冊相符，並無違例私帶情弊，當將應徵貨物稅銀計共一千八百一十一兩九錢七分四釐，循照向例令免稅。臣伏查琉球歲勤貢獻，恪守藩封。大黃係藥品要品，為該國療疾所必需。上年欽奉諭旨嚴禁出洋，臣覺羅伍拉納、臣徐嗣曾等，奏明暫停買運，移咨該國王酌計每年准買總不得逾三五百斤之數等因。奉硃批：是亦不可因噎而廢食。欽此。欽遵在案。此次夷船回棹，似應查照奏定章程，准其購回備用，以仰副聖主柔惠遠人，一視中外之至意。第令自行買運，誠恐舖戶以例禁出口之物，或高擡價值，或任意透露，均所不免。臣等

有關此事記載，琉球《歷代寶案》中多有敘述，如臺灣大學影印本頁6051、7342 等處。

公同酌議豈若委官代為購買三百斤，飭會該夷官照舊繳價領運並一體照例免稅，仍移行該國王知照咨發備查，既以推廣皇仁，亦可杜勒索夾帶等弊。旋據通事梁選率領夷官曾謨及舵梢人等僉稱仰沐聖主鴻慈，感激頂祝，即在關前望闕叩謝天恩，於本年三月十七日開駕回國。[25]

有關此次購買大黃的事，《歷代寶案》中雖然也有兩三處記述，但都不是直接的文獻。[26] 以上所引是福建地方主事官員魁倫等的報告，皇帝還在報告中「委官代為購買三百斤」處用硃筆批了一個「是」字，禁藥也就因此可以購得帶回琉球了。總之，清代政府對琉球貢使的貿易是比較寬大的，可以讓琉球比照英國例子買土絲，而嚴禁俄羅斯等國人採購的大黃也特別允許琉球人購買，可見清代加惠遠人的政策是有不同的。

　　琉球館開館買賣以後，土通事須將交易客商姓名，兌買物件，按日摺報，事成以後再由福防廳彙造細冊送布政使司查核，同時也通令琉球官員，趕緊貿易，不得逗留延誤，以免返國過遲。

　　據上可知：琉球貢使來到福州，中琉雙方的官員人等都十分忙碌，而且時間常在半年到一年之間。

三、清代官方接待朝京琉使的安排

　　中國是重禮節的國家，對遠道入貢的友邦使臣當然更會注

25.《軍機處檔奏摺錄副》，乾隆朝第 43995–3 號。
26.琉球《歷代寶案》，頁 3796、3812 等處（臺灣大學影印本）。

意到他們來華時迎送接待有關的事項。清代建都北京以後，早在順治八年 (1651)，政府就作了如下的規定：

> 凡外國貢使，及定額從人來京，沿途口糧驛遞夫馬舟車，該督撫照例給發，差官伴送及兵丁護送來京。回日沿途口糧，驛遞夫船，兵部給予勘合。其留邊人役，該地方官照例給予食物，嚴加防守，貢使回時，同時出境。[27]

直到清末，清代皇帝仍重視此事，清宣宗在道光三十年 (1850) 即重申前令，頒降過這樣的一道諭旨：

> 藩服使臣入貢，所有到達邊境過境到京一切備辦供具，定例備為周密，自宜恪守成規，妥為備辦，方足以昭體制，著該省督撫於使臣過境，嚴飭所屬，務按站妥備夫馬，毋令缺乏。倘供給之外，護送人等藉端夾帶貨物，騷擾地方，即著該地方官指名參奏。所有派員伴送，節經奏旨不准以衰庸之員充數，著該督撫懍遵聖訓，慎加遴選，不得以衰邁庸員，率行派委，如仍積習相沿，致失懷柔之意，必將中外司事各員重懲，以恤藩封而肅體制。[28]

琉球使節入京當然也受到同等的待遇，沿途有專人護送，而一切費用也都由地方政府負擔。現在我就把這兩方面的事作一比較深入的觀察。

27.《大清會典事例》，卷 510，頁 1 下。
28.《大清會典事例》，卷 510，頁 14 上下。

先談沿途伴送官員人等的事：在乾隆中期，清代政府規定各省伴送琉使入京的情形是這樣的：

> 嗣後琉球入貢，自閩起程日，該撫遴選同知通判一員伴送，一面知照前途地方官，豫備夫馬船隻，其伴送官員，按省更換交代，毋須一人長送，以免隔省呼應不靈，並不得任派舉人試用官員。如來使沿途有整頓行裝及守風守凍，須停留者，該伴送官會同地方官申報，咨部查覈，各省凡有外國入貢者，均照此辦理。㉙

根據以上規定，我們可以看出早年琉球使臣入京時，伴送官只有一人，選同知通判級的官員擔任，而且「按省更換交代，毋須一人長送」。但是福建巡撫似乎仍然選派一員長途伴送，直到嘉慶十六年 (1811) 琉使向國柱等人入京時，制度才有改變。原來這一年福建巡撫只派了同知那緓伴送琉使入京；可是那緓到達京城以後病逝了，皇帝隨即「飭令直隸總督派員來京伴送起程，並照例行知沿途總督派員接替護送」。同時「嗣後福建、廣東、廣西、雲南等省，遇有外藩使臣入貢，著各該督均於文武弁員內揀派明幹者兩三員伴送來京，以昭慎重，毋得只委一員，致有貽誤」。㉚ 這就是日後琉使入京都由閩省文武官員共三人伴送的原因，而閩撫張師誠這次因為「辦理殊屬不合」而受

29.《大清會典事例》，卷 510，頁 6 上下。

30.《福建省例》，第 8 冊（臺灣銀行編印《臺灣文獻叢刊》第 199 種），頁 1087–1088。

到交部察議的處分。這一次向國柱等回閩時，福建巡撫特派邵武同知傅錫璋與蚶江通判洪諉諉二人到浙閩交界處去接護。

　　至於各省境內接送琉使的情形，除了《琉客談記》、《琉球人與大清國交往見聞概記》、《中山世譜》等書的記述之外，我們可以從清代地方大臣的報告中以及琉球入貢的使臣紀錄中看出一個大概。如道光六年 (1826) 琉使馬開基與梁文翼來華，福建革職留任的巡撫韓克均便選派了延平府知府徐正青與福州府糧捕通判文燦以及福州城守營副將汪道城三人，於十月二十五日離開福州，伴送入京。同時韓克均一面又「飛咨經過各省，一體派員接護，飭令沿途地方官，將應付夫船車輛等項，照例先期預備，並諭令各省委員，如遇冰凍雪阻，妥為照料，加緊趕行，務期依限年內到京」。[31] 根據清代官方資料，外使入貢應在十二月二十日前到京，《大清會典事例》中有明文記載：

> 外藩遣使進貢，入關後，即飭該使臣趕緊起程，並飭伴送官沿途照料，妥速行走，務於十二月二十日以前到京，以符定制。[32]

　　外國使臣們必須在十二月二十日以前到京，其原因的主要是參加除夕與元旦賀宴等事。馬開基等人此次入京，出發日期已經很晚了，所幸沿途地方官都全力趕辦，妥為護送，致未誤期。據山東巡撫訥爾經額的報告說：

31.《軍機處檔奏摺錄副》，道光朝第 57581 號。
32.《大清會典事例》，卷 510，頁 11 下。

……前准閩省咨會，即經前署撫臣陳中孚飭委署安東府通判候補同知黎溶，署撫標右營遊擊阿爾永阿，馳赴江南交界處所，迎探接護，並經臣於藩臣任內，飛飭經過各州縣，將應付事宜，照例先行備辦去後。茲據同知黎溶等稟報，閩省文武委員護送琉球國貢品等項並正副使臣馬開基等，於十二月初六日行抵東省郯城縣境，當即照例應付接護前進等情，復分飭沿途文武，一體妥為照料，催令迅速遄行，並咨直省督臣，飭屬接護。[33]

不久以後，訥爾經額又向皇帝寫了一份報告：

茲據委員黎溶等稟報，該貢使等逐程前進，沿途照例應付行走，極為安靜，業於本月十七日送出德州東境，由直省接護北上。[34]

可見馬開基等人於十二月十七日才到達河北省境，他們抵京之日已是十二月二十三日了。

又據琉球使臣的記載，在北上入京的沿途，不少地方有知縣等官員也參加護送的工作，如浙江省內的清湖、西安、龍游、蘭溪、建德、桐廬、富陽、石門等縣，江蘇省的吳江、姑蘇、無錫、武進、丹陽、丹徒、江都、高郵、寶應、淮陰等縣，都有「知縣送下程」的事實。而琉使自福建啟程至北京的途中，

33. 《軍機處檔奏摺錄副》，道光朝第 54152 號。
34. 《軍機處檔奏摺錄副》，道光朝第 58120 號。

各地地方官也為琉使們特設很多處「公館」，供外賓住宿，給以
飯食，以便利他們恢復旅途的疲勞。這些在陸路上的公館遍設
各省，為數極多，如福建水口驛至清風嶺的一百里路程中，就
有水口、黃田、清水嶺三處公館，約五十里即有一所。江蘇宿
遷至紅花埠一百二十里間，也在大約六十里的中途站峒嶺設有
公館。在山東省境內的情形也差不多，如伴城有公館，離伴城
五十里的大陀寺與離伴城九十里外的堽庄驛也各有公館。總之，
陸路行程大約每四十至六十里間，即有一處公館，供琉使休
息。㉟

再談各省護送琉使赴京所付費用等事。如前所述，清代中
央規定「凡外國貢使，及定額從人來京，沿途口糧驛遞夫馬舟
車，該督撫照例發給」。因此每次琉使朝京入貢，途經各省都須
負擔接待費用。由於行經各省的時間長短不同，水陸里程不等，
以及各省物價與招待情形各異，所費當然不盡相同。現以福建
一省為例，作一簡要說明。根據福建省琉球貢差幫貼經費章程，
我們可以看出以下的一些數字：

　　侯官縣：由省辦船送至水口站交替，計水路一百七十里，
應貼銀五十四兩。又至水口站接回省城，計水路一百七十里，
該貼給銀五十四兩。

　　古田縣：由水口送至清風站交替，計陸路一百九十里，應
貼給銀二百八十兩。又至黃田站接回水口交替，計水路五十一

35.見魏學源，《福建進京水陸路程》，原抄本約30頁，現藏日本法政大
　　學沖繩文化研究所。

里，應貼給銀十六兩。

南平縣：由清風站送至太平站交替，計陸路一百九十里，應貼給銀五百九十兩。又至大橫站接回黃田站交替，計水路一百七十里，應貼給銀五十四兩。

建安縣：由太平站送至城西站交替，計陸路四十里，應貼給銀一百二十四兩。又至太平站接回大橫站交替，計水路五十里，應貼給銀五十兩。

甌寧縣：由城西站送至建溪站交替，計陸路一百二十里，應貼給銀三百七十三兩。又至葉坊站接回太平站交替，計水路八十里，應貼給銀二十五兩。

建陽縣：由建溪站送至人和站交替，計陸路一百四十里，應貼給銀四百三十五兩。又至水吉站接回葉坊站交替，計水路八十里，應貼給銀二十五兩。

浦城縣：由人和站送至江山二十八都交替，計陸路二百里，應貼給銀六百二十兩。又至二十八都接回浦邑住宿，計陸路一百三十里，應貼給銀四百兩。又從浦邑備船送至建陽水吉交替，計水路一百九十里，應貼給銀五十四兩。

以上往來共應貼給銀三千一百十九兩。

由上可知：福建若干地方承辦琉球貢差支付費用是分別水陸途程，按里計算的，兩年一次的琉球貢差往返夫役供應備貼經費銀為三千一百十九兩。[36] 清末同治年間，又因回貢時琉使要求部分路程由水路改為陸路，地方官因而呈請增發經費，因

36.《福建省例》，（臺灣銀行編印《臺灣文獻叢刊》）頁 1096–1098。

而又有「於支銷水程經費之外，再給十成之三陸路經費」之事。[37]

　　儘管清代皇帝一再命令外國貢使應在十二月二十日以前到達京城；但是誤期的事時有發生，尤其琉球貢使的入京，由於海上風信無常，遲誤是常有的事。在清代官書中或是琉球《歷代寶案》裡經常看到伴送官因「到京遲延，交部議處」的文字，以及琉使抵京的時間在十二月二十日以後的記述。[38] 這裡且舉一實例來說明伴送官因遲誤而受罰的情形：道光十二年 (1832) 福建巡撫魏元烺委命邵武府知府劉學厚，准陞永春直隸州知州陳銑以及臺灣水師協副將黃貴三人為伴送官，沿途護送琉使入京，結果貢使到十二月二十三日抵達北京，比限定日期延誤了三天，吏部主管官員耆英等人便奏請「照例議處」劉學厚等三人，而處分的標準是「降一級調用」。不過這種罪行並非嚴重，如果皇帝允准，可以認作「公罪例准抵銷」的。[39]

　　最後值得一提的是清代官方安排貢使進京時，為避免耽誤行期，或致有影射夾帶等弊，對地方官也有另外一些指示，嘉慶十五年 (1810) 清仁宗的一道諭旨裡敘述得很明白：

　　稽查崇文門稅給事中薩霖等奏：外國貢物及貢使行李，應詳細開載印單，護送人員，按例支應車馬，以便查驗，而昭體

37.《福建省例》，（臺灣銀行編印《臺灣文獻叢刊》）頁 1103–1106。

38. 此類記事很多，琉球《歷代寶案》與《軍機處檔》常可看到，此處不擬贅列。

39.《宮中檔》，道光朝奏摺，第 61988 號（臺北故宮博物院收藏）。

制一摺。外國貢使抵境，各該督撫自應遵照定例，揀員伴送，填給勘合，沿途查照。到京時，禮部轉行崇文門免稅驗放；惟知照文內，未將貢物與知照行李，分析開載，各關無從稽覈，沿運車馬亦不免濫行支應。嗣後著沿途各督撫，於貢使到境，務將所有貢物及貢使行李，詳細開載印單，到京時，禮部轉行崇文門，隨即驗放，不准稍有稽留。至護送人員，應用夫馬舟車，務須遵照品秩，嚴飭首站轉傳各驛，不得逾額濫支。倘各該督撫填給勘合，護送行李，並不分別裝載，令該貢使等守候稽延，或致有影射夾帶等弊，即著該稽查稅務御史，據實參奏。至貢物到京，應行免稅驗放，如稅務人等，有心抑勒需索，並責成稽查稅務御史，隨時查察，據實嚴參，以示體恤而杜冒濫。**40**

　　綜合以上文獻與敘述，我們不難了解：清代琉球貢使入京，各地方都視為大事，沿途遍設接待的「公館」供應食宿，而且有文武官員伴送隨行，照料一切。水陸途程中備有舟船車馬，甚至還有座轎，府縣官以禮相迎，打鼓奏樂，優伶演戲，以解琉使旅途寂寞。琉使一行所攜帶的貢物行李不但免稅放行，即使沿途幾十天的食宿費用也一概由各地方藩司支付。琉使抵京的日期若稍有遲誤，伴送官都會受到議處，而琉使則不受影響，他們在京中的賜宴，賞物以及其他的待遇都照舊如常，可見清廷對琉球優厚與禮貌態度的一斑了。

40.《大清會典事例》，卷512，頁12上。

四、琉使貢道與北上路程略考

清代政府與藩服的封貢關係，一切均有定制，即連貢道一項，也規定得極為明確，如朝鮮入貢由鳳凰城，琉球貢道由福建，荷蘭朝京由廣東，緬甸入覲由雲南，安南使臣入貢則由廣西太平府，暹羅與西洋各國後來也指定道經廣東，各國規定的貢道，不可紊亂。[41] 例如康熙六年 (1667) 荷蘭國違例由福建入貢，地方官提報以後，政府下令：「除今次不議外，嗣後遇進貢之年，務由廣東行走，別道不許放入。」[42] 甚至連非朝貢船隻，也不能在貢道區外航行或從事其他活動。例如道光十二年 (1832) 英國船駛進福州外海，又銷售貨物，以致引起皇帝的不滿。清官書裡記載了這件事：

> 十二年諭：魏元烺奏夷船因風漂泊，請將防範不力之將弁，摘去頂戴一摺。閩省南北洋面，向惟琉球國船隻，准其往來，其餘夷船，概不准其停泊。茲據該署督奏稱：有英吉利國夷船一隻，漂泊五虎洋面，該省向來不與外夷貿易，豈容令其就地銷售貨物，即因遭風損壞檣索，亦應趕緊修理，迅速斥逐出境。該管將弁在壺江等洋巡緝，未能先事豫防，實屬疏忽。閩安協副將沈鎮邦，署閩安左營都司陳顯生，俱著先行摘去頂戴，勒令趕緊驅逐，如辦理不善，即行嚴參，並

41.《大清會典事例》，卷 502，頁 20 上下。

42.《大清會典事例》，卷 511，頁 2 下。

著該署督查明該夷船出境日期，據實具奏。**43**

　　由此可知：清代各國海道範圍是規定得很嚴格，非指定國是不能隨意行走或進入特定海域與港口的。入陸的貢道情形也是一樣，如果沒有特准，入貢的使臣必須遵循指定貢道行走。

　　在一般清代與琉球的文獻中，我們只大略的知道琉使當年入京的行程與路線是由福建出發，途經浙江、江蘇、山東、直隸等省，前後費時約四、五十天，或者更久，才能到達京城。至於沿途水陸行程，大小驛站以及食宿、觀感等情形，我們知之不多。自從年前日本學者發現了魏學源的《福建進京水陸路程》珍貴史料以後，我們對清代琉使入京的行程了解更多、更正確了。**44**

　　魏學源是琉球久米村楚南魏家一系的九世裔孫，童名松金，字有淵，生於乾隆五十八年 (1793)，卒於道光二十三年 (1843)。嘉慶二十年 (1815) 來華就師習業，其後專研大清律例，並於返國後擔任講授大清律例的專業講師。道光十八年 (1838) 隨謝封特使法司王舅翁寬等朝京，道光二十年 (1840) 夏間返國。**45**《福建進京水陸路程》一書就是他這一次入京時寫記下的，內容非常詳盡，非他書所能比擬。根據魏氏親身經歷，他將入京路程分了以下的若干個大單位。如：

43.《大清會典事例》，卷 512，頁 10–11。

44.魏學源《福建進京水陸路程》中記事很多，除沿途大小驛站名稱、里數外，並略記各地風土人情，以及他個人的觀感。

45.久米系〈魏氏家譜〉，頁 39–42。

1.福州閩縣三山驛七十里至竹崎所。

2.竹崎所一百二十里至水口驛。

3.水口驛起早一百里至清風嶺。

4.清風嶺九十里至延平府。

5.延平府九十里至太平驛。

6.太平驛八十里至葉坊驛。

7.葉坊驛八十里至建陽縣建溪驛。

8.建陽縣七十五里至營頭驛。

9.營頭驛一百里至石陂塘。

10.石陂塘八十里至浦城縣。

11.浦城縣西關四十五里至漁梁。

12.漁梁六十五里至念八都。

13.念八都六十里至峽口（念八都三字上有「浙江」小字）。

14.峽口五十里至清湖。

　（自福州至此水陸路程共計一千一百一十五里）

15.清湖一百一十五里至衢州府。

16.衢州府八十里至龍游縣。

17.龍游縣八十五里至蘭谿縣。

18.蘭谿縣九十里至嚴州府。

19.嚴州府一百里至桐盧縣。

20.桐盧縣一百里至富陽縣。

21.富陽縣一百里至杭州江口馬頭。

22.江口三十里至北新關。

23.北新關五十里至塘西鎮。

24.塘西鎮九十里至石門鎮。

25.石門鎮一百三十七里至平望驛。

26.平望驛八十二里至蘇州府胥門馬頭。

　（自杭州江口至此共計三百八十九里）

27.江南省蘇州府一百里至無錫縣錫山驛。

28.無錫縣九十五里至常州府。

29.常州府一百里至丹陽縣。

30.丹陽縣一百里至鎮江府。

31.鎮江府京口驛二十里至瓜州。

32.瓜州四十一里至揚州府鈔關。

　（自蘇州府至此共計四百五十六里）

33.揚州府鈔關五十五里至邵伯驛。

34.邵伯驛一百二十里至界首驛。

35.界首驛一百里至平河橋。

36.平河橋七十五里至王家營。

　（自鈔關至此共計三百五十里）

37.王家營七十里至重興集。

38.重興集一百里至宿遷縣。

39.宿遷縣一百二十里至紅花埠驛。

40.紅花埠一百二十里至山東省李家庄驛。

41.李家庄九十里至伴城。

42.伴城九十里至垛庄驛。

43.堽庄驛一百里至嶅陽。

44.嶅陽八十里至羊流店。

45.羊流店九十五里至泰安縣。

46.泰安縣一百里至張夏。

47.張夏一百零三里至晏城驛。

48.晏城驛一百里至平源縣。

49.平源縣一百零五里至南普智。

50.南普智八十五里至直隸阜城縣。

51.阜城縣一百一十里至商家林。

52.商家林一百里至任邱縣。

53.任邱縣一百一十里至白溝河。

54.白溝河一百二十里至玻璃河。

55.玻璃河一百二十里至京城橫街四譯館。

（自王家營至此共計一千九百二十八里）

（自福州三山驛至京水陸共計四千九百一十二里。按照
路程自福州三山驛起至良鄉縣同節驛共計七十二站。）

在以上的大單位中魏學源又註明途中的若干小站的名稱、
里數，有時還略記當地的物產、風土人情，如第一單位「福州
閩縣三山驛七十里至竹崎所」一條下註有：

福州風俗——內質外文，謹事崇儉。

土產——鹽茶、蕉布、荔枝、楊桃、鹿角菜、茉莉、鐵笋、
龍眼、橄欖、紫菜、壽山石。

五里鳳凰亭。

十里鳳山橋——琉人自萬壽橋上船五里至南臺大橋、十五里
至此。

五里洪塘。

十里芋原驛——侯官縣有芋原、白沙兩驛。

十里懷安。

十里白石頭。

十里甘蔗州。

十里竹崎所——有關報稅。[46]

　　由此可見魏氏的《福建進京水陸路程》相當詳盡；加以平
和彥的整理與實地勘訪，清代琉使的入京路程已經被考訂出來
了。不過魏氏的紀錄裡還有一些小問題，值得在此作一番探究。
例如：

　　㈠各驛站間的里數問題：按照魏氏所記福建建寧縣內宸前
至建陽縣馬嵐間的地名與里數是這樣的：「（宸前）五里長湍、
十里吳墩塘、十里白槎塘、十里建陽縣建溪驛、十里七里橋、
十里白塔、十五里油源塘、十里麻源、十里安口塘、十里仁山
塘、十里營頭驛、十里均墩塘、十里回龍、十里潀州、十里陳
舖、五里馬嵐……。」總計里數為一百五十五里。然而福建省
官員說的是一百五十里，與魏氏所記相差五里。[47] 又如由馬嵐

46.魏學源，《福建進京水陸路程》，頁 1。

47.《福建省例》，頁 1105–1106。

到浦城，魏氏記為一百三十五里，而福建官方的紀錄是由「浦城縣梧浦站至馬嵐站，陸路一百里」。[48]

　　(二)驛站隸屬問題：魏學源對於若干驛站的原屬府縣記敘有誤，例如他在「芋原驛」下註說：「侯官縣有芋頭、白沙兩驛」。這裡的「芋頭」應作「芋原」。同時侯官縣只有「白沙」驛，「芋原」實應屬古田縣境內的驛站。[49] 又如他在南平縣「崎峽驛」下註寫「南平縣崎峽、劍浦、茶洋、大橫四驛」，實際上南平縣有五驛，除上述四處以外，另有「王臺驛」。[50] 還有在延平府至太平驛之間的「房村口」一地之後，他加註說：「有延平、建寧界牌。」「房村口」是屬於「建安縣」，不是「建寧縣」，顯然又是魏氏記寫時弄錯了。[51]

　　(三)書中錯字問題：平和彥雖然指出魏學源的水陸路程地名中將「洪山」誤寫成「風山」、「竹岐」誤作「竹崎」等事；實際上這類的錯字很多，並且還有把站名簡化了，也都是不對的。例如在福建浦城縣有「漁梁腰站」、「臨江腰站」，魏氏僅記為「漁梁站」、「臨江站」。浙江省境的地名也有不少錯誤的，如「上杭」應作「上航」；「停步驛」應作「亭步驛」；「蘭溪」應作「蘭谿」；「潊水驛」應作「潊水驛」；「桐盧」應作「桐廬」等。江蘇省武進縣的「毘陵」，魏氏誤作「昆陵」；「潘封」誤作

48.《福建省例》，頁 1105。

49.《大清會典事例》，卷 656，〈兵部・郵政〉條下「置驛」二，頁 12 上下。

50.《大清會典事例》，卷 656，〈兵部・郵政〉條下「置驛」二，頁 13 上下。

51.《大清會典事例》，卷 670，頁 11 下。

「藩封」;「洛社」誤作「洛杜」;高郵州的「盂城」誤作「孟城」;宿遷縣的「峒嶁驛」誤作「峒峿驛」。山東省泰安縣「張夏腰站」簡作「張夏」;德州的「平原」誤作「平源」等等,都是利用這份珍貴史料的人所應注意的。[52]

琉球使臣南回福建是「由德州分路往濟寧州,至清江浦合路」,魏學源也仔細記錄了沿途地名與里數,這裡不贅述了。不過以上所舉的北上與南下貢道,有時候是可以改變行程路線的,當然改道需要有理由,並且還須得到皇帝的允准才行。道光二年 (1822) 琉球《歷代寶案》中有一段記載正可以說明琉球使改道的一部分原因:

> 禮部謹奏:為據呈轉奏事。據琉球國使臣向廷謀等呈稱:竊以海外微員,素仰天朝文教,茲幸奉命來京,願得瞻仰文廟,不勝榮幸。又據副使鄭文洙呈稱:伊祖父國親於乾隆八年充都通事來京,因在京病故,埋葬張家灣地方,叩沐皇恩,賞給祭品。茲文洙以副使來京,叩懇給假,俾得一伸祭奠。並據稱本年自閩起程,沿途雨水漲發,道路阻滯,從人病疫,遠夷不耐風雨之苦。懇請由通州水路回閩各等情。臣等謹查上年琉球國恭進例貢該陪臣呈請瞻仰文廟,當經臣等面奏奉旨,准其瞻仰。今使臣志切觀光,應懇俯允所請。再恭查嘉慶十三年該國使臣梁邦弼以伊父允治奉旨入監讀書,在監病故,邦弼於奉使事竣後,乞假致祭,經臣部具奏,奉

旨依議，欽此。欽遵在案。今副使鄭文洙呈請致祭伊祖墳
墓，情辭懇惻，理合據情轉奏，如蒙允准，臣部行知內務府
派員照料前往，並行文順天府派員護送。至所請由水路回閩
之處，查嘉慶六年、十四年，該國使臣呈請由通州張家灣上
船，經臣部援照乾隆三十三年成案，移咨兵部，填給勘合。
此次該使臣起身回國，可否令其由水路行走，伏候命下，臣
部遵照辦理。為此謹奏請旨。[53]

在這份文獻以後，又寫著：「琉球使臣呈請瞻仰文廟並懇致
祭伊祖墳墓及由水路回國等因一摺，於道光二年七月十三日奏
奉旨依議，欽此。」可見瞻仰文廟、祭祀祖先與水漲阻路、從
人生病等等原因都可以在皇帝允准下而改變貢道的。

另外，遇到中國境內發生戰亂時，也可以改路入京。如同
治六年 (1867) 因為山東一帶捻亂不靖，道路不通，經禮部奏准，
琉球使臣這一年是「由水路改道前進」的。[54]

五、琉使抵京後的活動

琉球使臣到達北京時是由廣寧門（即彰義門）入城，清代
四譯館的官員向例會在廣寧門外護國三藐庵前，迎接琉使。[55]
由於入貢的琉使人數不少而停留的時間又常在一個月以上，清

53.琉球《歷代寶案》，頁 5682–5683（臺灣大學影印本）。

54.《大清會典事例》，卷 502，頁 22 上。

55.魏學源，《福建進京水陸路程》，「彰義門站」下小註。

政府也特別為他們準備了一個臨時居留的所在——「琉球館」。

　　清朝初年設會同館以待外國貢使，後來因為來貢的外使日多，到雍正二年 (1724) 除會同館以外，又撥出乾魚胡同官房一所以及玉河橋官房一所，供各國使臣同時來京的居住。大致說來，俄國人住會同館，朝鮮人住乾魚胡同官房，而琉球與其他國家的來使則以玉河橋官房為下榻之處。乾隆八年 (1743) 以後，清內務府又將正陽門外橫街官房一所，指定三十七間半給外國使臣居住，琉球使臣從此也遷居於此。乾隆五十五年 (1790) 皇帝降旨將宣武門內瞻雲坊及正陽門外南橫街二處向為安南與琉球來使的館舍交與內務府收管，遂置閒曠，[56] 因此道光年間朝鮮使臣所寫的《琉球館記》又說「館在玉河館西數百步」的地方了。[57]

　　琉使抵京入館居住以後，禮部行文要崇文門稅務御史先來查覈行李，照例免稅驗放。同時禮部又劄行光祿寺給發日用食品，如王舅日給鵞一、雞一、豬肉三斤、菽乳二斤、各種菜三斤、酒二瓶、清醬、醬各六兩、香油六錢、花椒一錢、鹽一兩、茶一兩。正議大夫與通事等人也日給雞、豬等食物，當然品目與數量比王舅稍差。另外食米一項，需要量多，由禮部移咨戶部支發。[58] 以上是清初的標準，雍正以後，待遇又見改善，琉

56.《大清會典事例》，卷 514，頁 9 上下。

57. 金景善，《燕轅直指》，卷 3〈琉球館記〉，頁 1040（《燕行錄選集》，上，韓國延世大學校，大東文化研究所影印本）。

58.《大清會典事例》，卷 520，頁 4 下。

球入貢的正副使都每天共給羊一、豬肉三斤、牛乳一鐥、各鵞一、雞一、魚一、菽乳二斤、酒六瓶、清醬、醬各六兩、鐙油二兩、茶一兩、鹽一兩、麵二斤、菜三斤、醬瓜四兩、醋十兩、香油一兩、椒一錢、每五日蘋果、梨共五十枚、花紅七十五枚、葡萄、棗各五斤，供應食品實在不能算差。**[59]**

食宿問題解決以後，按照規定入貢使臣應先行到禮部呈送貢表咨文，呈表典禮常在禮部中堂舉行，堂內置小長棹以供「列置表咨文櫃子於其上，與正使敘立其前，移時，侍郎始具朝服喝道而出，立於棹子之左，員外一人立其下。稍後，贊禮一人立於員外之下，皆具朝服，與正使進跪於棹子前。通事二人分立棹子左右，舉表、咨文櫃授使臣，使臣受而進之，通事受之以授通官，通官受而置之大棹以授侍郎，侍郎授從者。獻畢贊禮高聲喝叩頭，與正使叩頭訖，侍郎舉手揖，遂退出」。**[60]** 這一段禮部呈表咨文的記事雖是朝鮮人當時的親身見聞，但是清代對藩服的禮節體制都是差不多的，相信琉使呈表咨文的情形應該相去不遠。

琉球使臣從十二月底抵京城到第二年的二月間南下回閩，其間在京師的活動很多，琉球《歷代寶案》與久米系家譜裡常常可以看到有關這方面的情形，不過記述的都不夠詳盡。我們

59. 《大清會典事例》，卷520，頁12下。

60. 金景善，《燕轅直指》，卷2〈禮部呈表咨記〉，頁1015–1016；《大清會典事例》，卷505，〈朝儀〉條也首載「凡貢進使入京，先於禮部進表」事，可參閱。

現在以道光十二年 (1832) 向永昌、鄭擇中使華為例，略記他們在華的活動如下：

道光十二年十二月二十三日琉使抵京。

同月二十五日賞正副使鱘鯉魚半尾。

同月補行交出二十三日瀛臺筵宴加賞正副使禮物。

同月二十六日琉使赴鴻臚寺演禮。

同月三十日保和殿筵宴。

道光十三年正月初一日赴太和殿隨班行朝賀禮。

同月初四日紫光閣筵宴並受賞賜緞匹等物。

同月十五日參加正大光明殿筵宴，並和御製詩章。

同日晚在山高水長看烟火。

同月十九日又在山高水長看烟火。

二月初六日自京師起程返國。

以上的這些主要活動項目是琉球《歷代寶案》中談到的，[61]然而活動的詳情我們就不得而知了。我們如果利用清代官書與當時朝鮮人的一些記載來給琉球《歷代寶案》所記的作一註釋，琉使在京的活動顯然就能活生生的呈現在我們眼前了。例如：

㈠清廷賞琉使鱘鯉半尾的事：琉球《歷代寶案》常見有此一記載，相信讀到這一段文字的人一定有一種直覺：即為何只賞「半尾」。道光十二年 (1832) 冬天擔任朝鮮入貢團的書狀官金景善留下了若干珍貴的記事，在他所著的《燕轅直指》卷三中記：「(十二月) 二十五日，晴溫，留館所。朝前提督來頒鱘鯉

61.琉球《歷代寶案》，頁 6543–6545。

魚半尾，例也。始聞皆以為天子之富，有此半尾之頒，殊近吝
嗇。及取見則長可丈餘，廣可數尺，我國之所未見者也，蓋以
其半又頒於琉球使云。出付廚房使作羹，分饋行中，味頗淳淡
云。」[62]按字書無鱘字，俗作鱣。鱘鯉屬硬骨魚綱，背無硬鱗，
肉色白，口在頭下，尾分叉，背面青碧，腹白，長達六十公分，
春初出現於江、淮、黃河、遼河深海水處。一說鱘為鱣之近似
種，而鱣為「大魚，口在頷下，長二三丈」。金景善所記的頒賞
鱘鯉的時間與《歷代寶案》一樣的同為二十五日，而且他又說
「蓋以其半又頒於琉球使云」，由此可知他的記事是有真實性
的，鱘鯉只賞半尾的問題從他的記事中也得到解答了。

㈡瀛臺筵宴是那一年十二月二十三日舉行的，據朝鮮金景
善說：「夕間琉球國使臣來到。」所以這次筵宴琉使未能參加，
不過清代帝王仍令禮部官員補賞琉球正副使禮物，禮物的種類
與數量琉球與朝鮮使臣所得的幾乎一樣，可見並不因為琉使晚
到而有所不同。金景善又說二十三日「皇帝設冰戲宴於瀛臺」，
而冰戲宴是「侍衛、親軍聚冰上以旗槍鼓角，進退擊刺，各呈
其藝而施賞焉」。清代的「冰嬉」是一項傳統年俗活動，在入關
之前就每年舉行了，是一種「習武行賞」的遊戲，也是尚武精
神的表現，因此娛樂性超過飲食。正如朝鮮使臣所說的：「進
饌，正副使亦各一棹，饌品皆率略而又皆凍冷，無一可食，惟
三清茶可飲。」[63]

62.《燕轅直指》，頁 1041。

63.《燕轅直指》，頁 1039。

　　㈢鴻臚寺演禮是琉使入京活動中的大事之一。鴻臚寺是掌理朝賀慶弔等典禮中的贊導相禮的機關，琉球使臣朝貢與拜見皇帝有相當多的禮節，為了不致弄錯禮節，外國使臣都須作一次演禮的預習。道光十二年 (1832) 的十二月二十六日便在鴻臚寺裡舉行了這項活動。同年參加演儀的朝鮮使臣記下了當時的實況。他說：「演儀者，演習朝賀儀節。……午時，與正副使及任譯具公服……至鴻臚寺，……見庭中東西對立二碑而無書字，蓋表班次也。庭北又有門，扁曰龍亭門。門前周設紅柵，左右有月廊，門內有八面高閣。扁曰習禮亭，俗稱牌閣，又稱龍亭，其內蓋設御榻，奉安位牌，牌面書曰當今皇帝萬歲萬歲萬萬歲。如我國殿牌也。我使就左月廊，琉球使就右月廊少憩。本寺官員六、七人具朝服，喝道入來，始開龍亭門，演儀於亭中。本寺官員東西分立於庭北，我三使北面序立於庭南，諸譯又序立於三使之後。……琉球三使又序立於諸譯之後，我國從人與琉球從人又立於其後，而觀光排班畢，鳴贊二人分立於龍亭門左右臚唱。……於是行三拜九叩頭之禮。曾聞官員糾檢行禮，如或參差，則雖三四巡更令演習云，而今不然。禮畢，復入左月廊，換著平服而歸。」[64] 從以上朝鮮使臣生動的描述，相信我們對鴻臚寺演儀一事有了更清楚地了解。

　　㈣保和殿晚宴是清代皇帝與外國等使臣除夕的聚會，隆重而多彩多姿。金景善也寫下了當日的情景：「三十日，雨水晴溫和，留館。是日，皇帝御保和殿，設年終宴，推正副使入參，

64.《燕轅直指》，頁 1045–1046。

例也。歸後問其節次，則五鼓詣保和殿門下，少憩，入就殿庭，
須臾，皇帝出坐，有命召兩國使臣皆上殿。禮部侍郎前來引我
使在前，未及沒階，忽令琉球使先上，未知何故也。……第隨
其後而登見，設樂一場，樂畢張戲，戲不知何名，而或騎馬作
衝突之狀，又小兒一隊蹲蹲作舞，舞竟，又有大漢十餘輩作角
抵，蓋草草了當，無足可觀。兩國使各賜酒一盃，盃則銀也，
宴罷而歸。……夕間……聞通官輩傳言，禮部侍郎重勘，問其
由，則今日宴席令琉球使先登殿上，朝鮮次之，以做錯為罪
云。」[65] 除夕保和殿宴筵，原是清代皇帝賜蒙古外藩的，外國
貢使也一併被邀請了。按照清代規定，這一天的「巳刻群臣朝
服畢會，午刻皇帝御殿，行燕禮，凡就位、進茶、進爵、行酒，
樂舞八佾，燕畢謝恩諸儀節，均與太和殿筵燕儀同」。[66] 金景善
聽說的「騎馬作衝突之狀」舞戲，可能是清人傳統舞蹈，也是
每逢大宴中必有的慶隆舞，「樂奏慶隆之章，戴面具人上，各跳
躍擲倒象異獸，騎禺馬人各衣甲冑帶弓矢分兩翼上，北面一叩
興，周旋馳逐，象八旗，一人射，一獸受矢，群獸懾服，象武
成。……」。[67] 至於宴席令琉球使先登殿上朝而使禮部官員受罰
事也是事實。 據道光十三年 (1833) 正月初二日禮部尚書耆英的
奏報：禮部官員色克精額與文慶以及一些司員們，確實對跪領
賜酒的安排，將朝鮮與琉球的班次弄錯了，所以他請皇帝降旨

---

65. 《燕轅直指》，頁 1053–1054。
66. 《大清會典事例》，卷 518，頁 11–12。
67. 《大清會典事例》，卷 528，頁 6 下。

處分這批失職的官員。**68** 結果在第二年的正月初六日吏部尚書
文孚便上奏建議按照定律處分禮部郎中久祥與嵩岫各罰俸六個
月，侍郎色克精額與文慶各罰俸三個月，恭請皇帝核定了。**69**
總之，金景善的記述相當可信，當年琉球使臣的待遇與活動與
他所記的相同。

　　㈤元旦太和殿朝賀情景，朝鮮人記錄的也逼真。當日「因
禮部知委五鼓偕正副使及諸任譯具帽袍赴賀班，路見官人趨朝
者，皆書職名於燈，懸於車股。……曉色沉沉，行之如入土窟
中，至太和門前少憩於右夾貞度門下，琉球使在左夾昭德門下，
兩門簷端各懸一大燈，千官分文東武西彌滿其中，然絕無喧譁
聲。時從黑暗裡但聞靴聲閣閣，少頃，忽自午門樓上鐘聲大
震……時提督前導入太和殿庭，以次序立，如鴻臚寺演儀
時。……天漸亮，望見殿門洞開，而殿內深遠不可見，殿門外
對立曲柄黃涼傘一雙，階上對立黃蓋二雙，階下對立繡鞍馬六
匹，黃屋轎二座，其次對竪紅黑蓋，其次對竪各色燈籠，其次
對竪各色旗幟，或以金織成龍，或畫日月星辰，或畫熊虎龜蛇，
或書門字，皆朱竿畫龍。其次對竪槍棒斧鉞之屬，儀仗軍共數
百人，而皆黃衣黃鑲，兩行排立，隊隊井井，盛儀甚整飭。……
東西班趨入杖內，大臣以下階下，諸王與蒙古王階上皆序
立。……琉球使在我使之後成班，……已而皇帝從殿後門出登
殿上云。……陛樂作，其音節迫促，絕不類大國之響，然而無

---

68. 國立故宮博物院藏，文獻編號：061977-1。
69. 國立故宮博物院藏，文獻編號：061990。

闉緩哀怨以意，則亦非亂世之音。……樂止而又警鞭三聲，鞭
訖而又作樂於太和門樓上。樂止，鴻臚官立于陛上臚唱，恰如
我國之臚聲而大作且清響，滿庭中於是東西班隨唱行三拜九叩
頭禮，無一參差，亦無喧譁聲。禮畢，殿上有讀書聲，聲亦洪
暢，聞是新正陳賀表及頒詔文云。讀訖，又作樂，樂止，皇帝
還內，亦從後門。……周覽東西月廊，乃退出太和門，……歷
午門，端門而出，仰見城樓高插半天，朝日瀲射，金彩眩輝，
帝居之壯，有如是矣；還至館所，日未二竿。……」。**70**

　　清代官書裡記：「凡貢使至京，……恭遇萬壽聖節，元旦，
冬至朝賀，及皇帝昇殿之日，主客司官暨館卿大使等，率貢使
至午門前朝房祇候，引入貞度門，皇帝御太和殿，百官行禮畢，
序班引貢使，暨從官詣丹墀西班末，聽贊行三跪九叩禮。」**71**
可見金景善的記述是符合清朝定制的。

　　從以上除夕與元旦活動的描繪中，我們可以看出道光十二
年與十三年交替時期的這些重大集會，外國使臣們似乎都沒有
享受到豐盛的菜肴，只淺嚐了少量的酒與觀賞戲舞等節目而已。
實際上，清代在接待外使在京中過年節時，在酒饌方面也有規
定，如「遇年節除夕，琉球國貢使，共給席三、鵝一、雞一、
酒一瓶、茶一箱。復給正副使共羊三、魚二十、酒二瓶。使者、
都通事、王舅、通事各魚一、豬肉五斤。」**72**這些食品的供應

70.《燕轅直指》，頁 1055–1056。

71.《大清會典事例》，卷 505，頁 1 下。

72.《大清會典事例》，卷 521，頁 13 下至 14 上。

是送到館所中讓使臣享用的。

　　㈥紫光閣筵宴：只有正副使參加，是道光十三年正月初四日舉行的。是日「五鼓從西安門入，祗迎於路旁，隨詣閣中」，朝鮮正副使與「琉球使土司坐於黃帳外，已而延入庭中，……仍設諸般雜戲，戲畢，引諸國使至榻前」，金景善因為是書狀官沒有資格參與其事，只是聽正使們回館敘述而寫記，他說：「我使則各饋一卓，他使則每兩人合進一卓，其優待我人類如是；宴罷內務府官頒下賞物，侍衛諸臣及蒙古人賜貂獺銀緞稍厚，琉球、土司各文緞三匹而已，我使則正使錦三匹、緯絨三匹、八絲緞四匹、五絲緞四匹、大荷包一對、小荷包二對。副使及余各緜二匹、緯絨二匹、八絲緞三匹、五絲緞三匹、大荷包一對、小荷包二對。」[73] 金景善轉引朝鮮使臣的話說琉球使只得賞「文緞三匹而已」是錯誤的，《歷代寶案》中所記是年「加賞正使一員錦三疋、漳絨三疋、大卷八絲緞四疋、小卷五絲緞四疋、大荷包一對、小荷包二對。加賞副使一員錦貳疋、漳絨貳疋、大卷八絲緞三疋、小卷五絲緞三疋、大荷包一對、小荷包二對」等紀錄應該正確無誤，因為這是例賞，清代官書中有明確記載的。[74]

　　㈦琉球《歷代寶案》中又記正月十五日琉使參加了正大光明殿筵宴，只說「賜正副使酒，是日恭和御製詩章」及加賞國王與正副使臣等事。然而按照朝鮮使臣的說法，早在正月十二

---

73. 《燕轅直指》，頁 1060。

74. 琉球《歷代寶案》，頁 6544；《大清會典事例》，卷 507，頁 7 上下。

日禮部「主客司頒皇帝在圓明園所製七律詩一首,使之賡進,是亦年例也。聞亦頒於琉球館,而獨不及土司,以土司無文故也。皇詩曰:『春郭欣乘紫雪驄,御園淑氣歲皆同;層樓虛榭輕烟裡,疊嶂疏林細靄中。書室晝長多寂靜,冰湖氣暖半消融;回思去夏焦憂事,肅乂調勻籲昊穹。』是夜與正副使各成一篇,……翌朝送於本司。後數日得見琉球詩,正使向永昌詩曰:『春明御園駐金驄,景色氤氳樂意同;貢盡遠輸三島外,燈光環繞九霄中。披圖赤帶冠裳盛,宴敞華筵雨露融,聖德覃敷恩累洽,傾心長此戴堯穹。』副使鄭擇中詩曰:『春縈御輦策香驄,樂意還兼萬眾同;玉帛遙來三島外,璧奎輝暎五雲中。恩敷薄海陽光馥,景入清和瑞色融;遜德風聲詹肅乂,皇仁深可格蒼穹。』」**75** 據此可知:禮部頒御製詩是在十二日,和詩也不是即席成就,而是預先讓外國使臣在館所中作成的。

(八)山高水長看烟火:據朝鮮使臣記他們一行在正月十四日就離開館所,出發去四十里外的圓明園了。十五日他們住在圓明園,早上先參加皇帝在正大光明殿的筵宴,皇帝僅對外國使臣「各賜酒一盃及果盒,元宵餅宴」,然後因恭和御詩而加賞朝鮮與琉球國王,正副使禮物。中午以後,「設燈戲於山高水長閣,依例入觀」。**76**

山高水長閣看烟火是:「乾隆初定制,於上元前後五日,觀

---

75. 《燕轅直指》,頁 1084;《那霸市史》,〈家譜資料篇〉,頁 639、640、641、647、723 等處亦有相關記載,請參閱。

76. 《燕轅直指》,頁 1093、1096 等處。

烟火於西苑西南門内之山高水長樓。樓凡五楹，不加丹堊，前
平圃數頃，地甚寬敞，遠眺西山如髻，出苑牆間，宛若圖畫。
申刻內務府司員設御坐於樓門外，宗室、外藩、王、貝勒及一
品武大臣、南書房、上書房、軍機大臣，以及外國使臣等，咸
分翼入座，圃前設火樹棚，外圍以藥欄，入座賜茶畢，各營角
伎，及儌休兜離以戲，以次入奉畢，命放瓶花火樹，泙湃插入
雲霄，洵異觀也。……次樂部演舞鐙伎，魚龍曼衍，炫耀耳目，
伎畢，然後命放烟火，火繩紛繞，儼如飛電，俄聞萬炮齊作，
轟雷震天，逾刻乃已。」**77** 這是中國人對這項盛會的一般描寫；
道光十三年正月十五日身臨其境的金景善則對當時情形敘述得
更生動、更傳神。他說：「入園門而左又有一門，門皆不甚高
大，不施丹艧，無扁額，不識為何名。又前四、五百步，望見
有一帶長閣，扁曰山高水長，九楹，單簷而為兩層樓，絕無雕
飾，階說黑柵，柵外之庭甚廣闊，即戲所，而環庭又設疎竹柵，
所以禁雜人也。皇帝時未出坐，故移步周覽領略其位置，往往
築土為山，引水作湖，奇卉異木，茂密成林，林間殿閣或隱或
現，而不敢深入。庭左右間數步，對豎大紅紙桶，蓋內貯煏藥，
以為放砲之具也。庭西邊結三座彩棚，中高兩低，各懸一大竹
箱，其形如鼓，中懸者尤大，蓋自南中歲貢，此物謂之慶豐圖，
又稱烟火盒子，其內貯大小各燈。棚之兩邊，各立鞦韆，……
又其外往往埋地雷炮，又設飛炮，以長繩貫紙桶，繫其兩端於
木，皆豫設戲具也。周覽畢還至閣前，琉球與金川亦皆來會

77.《清朝野史大觀》，第 1 輯，〈清宮遺聞〉，頁 53（臺灣中華書局版）。

矣。……已而，皇帝出坐，而無侍衛警蹕之聲，蓋由閣後耳聞
之下層設御座。而上樓則前垂珠簾，聞是太后及皇后、諸妃嬪
所坐也。滿漢蒙古諸近臣皆侍立。……戲事方始，正副使承帝
命前進，亦例也。先設角抵之戲……次設筋斗之戲……次設西
洋鞦韆之戲。……戲畢，乃點火於庭前所植之紙桶，火發炎上，
轟燁震天，又非民家前夜所放可比也。又以長炬先燒，兩邊彩
棚上所懸之大廂，蓋戶在廂底，以繩束閉及，繩焚戶開，廂中
所貯，無數諸燈，牽連滾下，幾至於地，其大者如瓮，小者如
拳，或琉璃、或珠璣、或錦繡、或色紙、或圓或方、或長或短、
或像人物、或像山水、以至禽獸蟲魚、草木花果、樓臺雲物，
形形色色，無不呈巧。大略一廂中所出不下為數三百椀，而三
行聯絡，有如珮玉樣。少頃，火起，最下燈以次上達，蓋以一
炷通貫諸燈，片刻間皆燃，而火色各不同，黑白青紅紫綠紺碧，
無一不備，此以各色焰藥染炷而然。又點火於中棚最大之廂，
廂中之燈，視前益多，且巧待其火熄皆撤去之。又懸大廂如初，
燒而又撤，如是者凡三次而止，蓋其奇巧繁麗倏翕眩亂，有不
可一一錄述，計其糜費，不止千萬，而雖有千萬不可學得者，
其奇技妙法也。方喝采不已，忽有一塊走火，自閣前飛過，衝
發地炮，炮火迸發，熛焰遍空，聲動天地，人皆惴惴不能定神，
俄又火塊緣繩，往來飛砲競發，有如星流電閃，殆不暇應接。
頃之災收響寂，日已暮矣。皇帝還內，與正副使偕出園，……
歸至館所，夕飯訖，又聯出街上觀燈而還。」[78]

78.《燕轅直指》，頁 1097–1099。

　　金景善的文筆甚佳，觀察入微，對看烟火的描述，比中國作者寫記的都逼真，值得一讀。

　　以上各項典禮與娛樂雖然只是道光十二年 (1832) 朝鮮與琉球使臣在京中的主要活動；但是清代接待外使的節目大概也只有這些是最值得一述的。而且清代政府重體制，祖先的定例是不能輕易修改的，所以整個清代琉球使臣到京師以後的活動應該是差不多，大同小異的。我們看了以上道光十二年 (1832) 的情形，相信也從而窺知每次琉使入京後活動的大概了。

　　此外，按照清初的規定：「各國貢使來京，於禮部及會同館各筵一次。」[79] 這就是所謂的上馬宴與下馬宴。不過清代政府對琉使的待遇特殊，在雍正四年 (1726) 又議准：「琉球貢使，在部筵二次，回至福建筵一次。」[80] 以示在琉使登舟返國前再為他們餞行。上馬宴與下馬宴的情形大致是這樣的：「琉球貢使朝見後，在部筵燕，以堂官主席，耳目官一人、正議大夫一人、都通事一人，並主席堂官各席一；護送官一人、土通事一名，共一席；從人十七名，每三人席一；共設席十一。會同館筵燕，照部燕設席。兩處共用茶五桶，燒黃酒五瓶，蒙古羊五。」[81] 至於部燕的過程與禮儀，清官書中也有記述：「凡各國貢使來朝筵燕之禮，是日，設香案於露臺上，以禮部侍郎主席，精膳司官視布席。堂正中近後楣位主席，西嚮。其右為正使席，副使

---

79. 《大清會典事例》，卷 519，頁 3 上。
80. 《大清會典事例》，卷 519，頁 4 上。
81. 《大清會典事例》，卷 519，頁 4 上下。

席正使下，各專席。通事、從官席副使後，二人共席。從人席
於右楹下，俱南嚮，以東為上。貢使至部，自二門步入，主席
朝服率詣香案前，行三跪九叩禮畢，升堂，貢使見主席，行一
跪三叩禮，主席答揖三，乃即席。光祿寺官進茶畢，酌酒奠爵，
主席舉爵，貢使即席一叩，飲酒三巡，供饌，燕畢，謝恩如儀，
貢使辭。」[82] 這純是官式的宴會，飲食的享受是談不上的。

　　上馬宴應該是外使抵京後數日舉行，而下馬宴則應在外使
們離京前數日辦理的；可是道光十二年 (1832) 的情形似乎不然。
據朝鮮金景善說兩宴是在同一天舉辦的，他說：「二月初一日、
春分、陰、留館。是日設下馬宴於禮部、例也。因本部知委卯
正偕正副使率諸任譯詣禮部領宴。」他又記道：「往禮部少坐月
廊王會廳，見正堂已設皇帝虛位及宴卓矣。……少頃，引來諸
國使入陛下幕次，向東序立，隨臚唱行拜叩禮，禮畢皆昇堂，
見宴卓則每卓列四十八器，皆餅餌雜糖蔬果之屬。……侍郎主
壁而我三使坐西向東，諸譯坐三使之後。琉球使坐東向西。既
定，行盃，先駱茶，次以酒者，每凡三行才畢。……遂皆還至
階下，行謝恩拜叩禮如初。仍歸館所。有頃，光祿寺備送上馬
宴卓於館中，每卓列三十五器，而所謂饌品似皆宿具已久，以
備應文，故皆燥硬，塵穢滿樓，俗言不堪食者，正謂此也。……
舊時入都後數日即設上馬宴，發還前數日設下馬宴，饌品皆豐
潔可口，後漸廢弛，甚至一日之內疊行兩宴，為大國待賓之禮，
可發一嘆！」[83] 這一年琉球使臣既然延誤行程，遲到十二月二

82.《大清會典事例》，卷 519，頁 1 上下。

十三日才抵京，相信上、下馬宴也和朝鮮使臣一樣，可能是在同一天內舉行的。

　　還有午門頒賞的事是在道光十三年正月二十八日舉行的，金景善也記下了前後的經過：「……食後偕正副使由東安門入至端門內，憇於禮部朝房，已而侍郎文慶至，引各國使臣詣午門前，見已擺列數十座紅卓，各貯賞物於上，覆以紅帕，諸使以次序立于卓前，鴻臚官立於卓北呼唱，行三拜九叩頭禮，禮畢諸提督頒示賞單，乃開帕。……」金景善除了記錄朝鮮國王及使臣人等的賞物外，他也寫下了琉球方面得賞的情形。他說：「又見琉球賞單，則國王錦八疋、蟒緞四疋、蟒襴緞四疋、羅緞八疋、紗十二疋、緞十八疋、紡絲十八疋。正副使二員、各羅緞八疋、緞八疋、紡絲七疋、絹五疋、布一疋。都通事一員、緞五疋、紡絲五疋、絹三疋。從人十七名、各絹三疋、布八疋。伴送官三員、土通事一名、留邊通事一名、留邊從人十五名、各彭緞袍一件。」[84]

　　綜計此次琉使在京滯留了四十三天，活動繁多，非常緊湊而忙碌；但也多姿多彩，經歷了很多人生難得的經驗。

六、結　語

　　從以上清代琉球使臣在華的行程與活動敘述中，我們可以提出兩項簡單的結論：

83.《燕轅直指》，頁 1115–1116。

84.《燕轅直指》，頁 1114–1115。

　　第一、就琉使入貢事件本身言：中琉雙方都把入貢北京視為大事，清廷中央與地方對於琉使來華，不但制訂了法律規章，命令各級官員熱誠接待，沿途專人護送，宿食全部供應，不准地方大吏收受餽贈，嚴禁伴送人員私相貿易，參加宮庭新年慶典並賞賜珍貴禮物，務使琉球使節們有個成功而愉快的朝貢之旅。琉球方面在例貢之時，國王必先妥覓使臣，授以貢物、符文與奏表等等，以利成行。貢物必按規定備齊，有時還在常貢之外，又加特殊貢品，以增進對清廷的情誼。遇到清代皇家有喜慶或謝中國冊封時必有加貢之舉；而貢船遇風，貢物貢表損失時，則更有補貢之事。清代帝王也都能體諒琉球航海入貢，途遠勞煩，而若干貢物又非琉球所產，所以經常下令免進若干貢物，或在遭風時免其補進。[85] 雙方都是竭盡所能的彼此尊重，互謙互諒，因此大家一片祥和，邦交日有增進。

　　朝貢與賞賜的物品，就內容視之，似乎有互通有無的用意。雖然有人以為中琉當年間的貢賞是一種官方貿易的行為；但是

85.《大清會典事例》，卷503，頁3下記：康熙「四年覆准琉球國王補進慶賀貢物……貢船在梅花港口遭風，飄失貢物，免其補進」。同上又記：「五年，琉球國王補貢四年方物。奉旨：琉球國王補進飄失貢物，具見恭順，但前已有旨免進，這補進金銀器皿，仍著發還。」又如同書同卷頁14上載雍正七年諭旨云：「琉球處重洋之外，奉表修貢，遠涉風濤，朕心深為軫念。是以從前降旨，將雍正四年該國王所貢謝恩儀物，准作六年正貢，以示恩眷。今該國以六年正貢之期，仍遵定制，遣使奉表，情辭懇切，具見悃誠，著將六年貢物，准作八年正貢，若八年貢物已經遣使起程，即准作十年正貢。」可見雙方竭盡禮讓。

這種貿易顯然是在合禮合義的原則下進行的，非為絕對牟利而起。而且互通兩國有無的物品，也隱含了對彼此關切與協助之意，尤其清代讓琉球免進不產之物，更可看出這是有誠意減輕對方負擔的。此外清代中央自始就通令所有外使帶來物品以及攜返本國物品，全數免稅，若以純商業行為觀之，這是不可能的事。特別對於琉球來使更是待遇特優，開館貿易竟由地方政府協助其進行，違禁出洋物品也代為尋找藉口而特許琉使採購歸國。對琉球友邦的嘉惠之大之多，可以說在歷史上是罕見的。[86]

在清代中琉通使的兩百多年當中，由於琉使來華，航海梯山，備極勞苦，又有不服水土或遭逢亂事的，琉使中在華病故的當然難免，如程泰祚、阮廷寶、馬文英、魏掌治、蔡呈祚等等，[87]清廷都會令內閣撰擬祭文，所在地方官備具祭品，遣官

86.乾隆十二年五月閩浙總督喀爾吉善上了一份奏報，談到琉球貢船貿易情形的，報告中說：「乾隆十二年二月初五日該國貢船到閩，查進口冊內，據夷官報稱兩船共帶銀一萬兩。……臣等……訪其所帶銀兩；竟十倍於所報之數。……」又說：「上屆乾隆八年貢船來閩，每船亦止報銀五千兩，而查其返棹貨冊，約計不下十萬兩，兩次情形，大約相同。」結果並沒有對琉使作任何處分，還是讓他們買了貨物帶走了（見《軍機處檔奏摺錄副》562-1 號），足證貿易的只是琉球一方面，清廷並沒有與他們從事官方貿易。

87.請參看《大清會典事例》，卷 513，頁 8 上、頁 11 下、頁 12 上等處。程泰祚事可參閱《中山詩文集》下〈江南江蘇等處地方各憲捐助營葬墓誌碑〉文。

致祭，並置墳塋、立石碑，備極其身後之哀榮。如果自願帶回
骨骸的，清廷也為他們購置棺木，遣官致祭如儀，並負擔沿途
車馬人夫各項費用，以示賙卹。[88] 這些在華病故的琉使子孫，
日後如有來華而請求拜謁祖墳的，清廷一概准允，並令內務府
官員照料，伴同前往，以便其一展孝思。這些極富人情味的措
施，實在是儒家仁孝等德目的闡揚。

此外，琉使來華，無論在福州，或是在北京，都常有詩文的
創作。如在柔遠驛中與中國師友們的唱和，在圓明園裡對皇帝
御製詩的賡進，還有不少使臣在北上途中有即興感懷之作，這
些著作不僅是我們研究當日中琉關係的好素材，也是中琉文化
交流的歷史證物，彌足珍貴。又琉球使臣在中國所見所聞的中
國文物典制，官方禮儀，以及返國時帶回去的筆墨瓷器，綢緞
衣帽，大黃茶葉等物，對文學、工藝、醫學等項都有傳導之功；
而琉使於返國前拜謁文廟，則對漢文化的傳布有著更深遠的影
響。這些文化思想上的交流，確有助於兩民族間感情的增進。

總而言之，清代琉使來華，正如當時其他的中琉關係一樣，
雙方是在重禮輕財、崇孝弘仁的基礎上展開的，因此彼此能在
禮讓和諧的氣氛中，成就了世界史上少見的邦交敦睦融洽的特
殊典範。

第二、就本文取材與研究言：清代琉使在華的行程與活動，
雖然已有不少文獻與專文討論到了；但是本文的探討分析可能
比前人的更深入，有發前人未道之論。推其原因，主要的是本

88.《大清會典事例》，卷513，頁1上下。

文利用了不少新資料，或是前人未注意到的舊資料。例如清代
中央存留了數量非常豐富的《宮中檔》與《軍機處檔》，這些原
始檔案有當時地方大臣的奏報，也有皇帝的諭令，是最能反映
地方實況的，琉使在華的活動當然也曾敘述到，像道光六年
(1826) 馬開基等在福建、山東等地的活動，向永昌在道光十二年
(1832) 除夕筵宴錯班處分官員的情形，特准琉使採購大黃的歸國
以及地方胥吏在福建索取琉使陋規等等的事，在這些大臣的原
始報告中都透露出來了。《大清會典事例》是清代中央與地方的
重要官書之一，各機關衙門的規定事例有很多都載錄其中，如
禮部是負責封貢的單位，所以禮部會典事例的條文中就有「朝
貢」的專章，而其中又條列敕封、貢期、貢道、貢物、朝儀、
賜予、迎送、市易、禁令、賙卹、拯救、從人、館舍等項，對
外國使臣來華的事敘述得很多，本文引用了其中不少的資料，
因而對琉使來華的活動便有更深入與更正確的了解。又同書兵
部部分，有驛站設舖的詳盡說明，對我們鉤考魏學源所記的路
程大有助益。

　　除了清代官書檔案之外，清代地方志與族譜書也是為數眾
多的，前者是地方性的「百科全書」，後者則是家族史的總匯，
我們在福州一地的方志中得到了更多有關柔遠驛的知識，在久
米系的家譜資料中看出了不少當年琉使來華的情形。如果我們
對這些資料作有計畫而廣泛的研究，相信一定會發現更多近世
中琉關係文獻的。

　　明清兩代不少私家的詩文雖是揮毫成就，無心寫記史事的；

但是卻留下了很多珍貴歷史旁證。本文所引的《柔遠驛草》即證實了清初中琉人士的交往部分實情。朝鮮的《燕行錄》則更具豐富的內容，為清代封貢關係反映了真切的實相。對琉使在京活動而言，金景善確實在中琉雙方的官私書檔之外，為我們提供了第一手而絕無僅有的新史料，讀了《燕轅直指》，真使人有入寶庫滿載而歸的感受。

　　綜上可知：今後研究明清時代中琉關係的歷史，僅靠《明實錄》、《清實錄》、琉球《歷代寶案》、《使琉球錄》等等資料是不能竟其全功的了。除了西方文字與日文的記述外，漢文字的史料應該大量利用，像《大清會典事例》、《福建省例》、《宮中檔》、《軍機處檔》、《起居注冊》、中國若干省分的地方志書、中琉雙方家族族譜，以及中、琉、韓、日當時人的詩文函札、甚至金石碑碣、老字據、舊契約等等都是，若能從而探賾索隱，考舊啟今，中琉關係史研究必能獲致新成果，建立新里程碑。

伍、

東亞文化圈的形成與發展
—— 以琉球王室漢化爲約論中心

　　琉球是亞洲東南部海中的古老王國，建國的時間不可考。[1]
與中國的關係，雖有隋煬帝遣使招撫不從以及宋代琉球人猝至
閩南泉州侵擾等說法，然亦無定論。不過，中國人移居琉球群
島，在元代已經是事實了，比明太祖賜「閩中舟工三十六戶」
早幾十年。[2] 琉球與中國正式建交是在明朝開國後不久，中琉
雙方的史書裡都記載明太祖洪武五年 (1372)，朱元璋遣了行人楊
載到琉球，致書琉球國王，「告知『即位建元』」，並希望兩國建
立友好關係要琉球來中國「稱臣入貢」。[3] 琉球政府於當年十二
月即由國王察度之弟泰期來華，奉表貢方物。明太祖也詔賜察
度《大統曆》及織金文綺等物，從此中琉建立了封貢關係，一
直到清代光緒五年 (1879) 日本兼併琉球，改置沖繩縣為止，前
後歷時五百多年，雙方維持著良好邦誼，堪稱近世國際間少見
的典範。

　　由於早年琉球的文化程度不高，經濟也很落後，屬於後開
發地區。自從與有悠久文化歷史的中國發生封貢關係以後，雙
方人員的來往，中國精神與物質文化的不斷輸入，使得這海外

1. 根據琉球傳說，該國有近兩萬年歷史，自然不是信史。不過，《隋書‧
　 東夷列傳‧流求國》中記：「流求國，居海島之中，當建安郡東，水
　 行五日而至。」《宋史‧外國列傳‧流求國》中亦稱：「流求國在泉州
　 之東。」可見中琉雙方有來往應有相當久遠的歷史了。
2. 王連茂，〈泉州與琉球——有關兩地關係史若干問題的調查考證〉，收
　 入《浦添市、泉州市友好都市締結記念學術文化討論會報告書》（那
　 霸：浦添市教育會，1988 年），頁 41。
3. 《明史‧琉球傳》（臺北：成文出版社，1971 年），卷 323，頁 1。

荒島在社會歷史發展上起了極大的影響。不論是日常的衣食住行方面，或是政經文教方面，都帶給他們進步的助益。

　　封貢關係就是琉球國王的即位需由宗主國中國派專使去冊封，而作為屬邦的琉球應按期向中國朝貢，以示忠順。從明初到清末，有史料可考的，中國至少派遣過二十三次冊封使團，其中明代十五次，清代八次，這二十三次當中擔任正、副使臣姓名見諸史書的有四十三人，他們並留下珍貴文字紀錄專書約十四種。[4] 冊封使與他們的從人多是飽學之士，甚至還有一些是在詩文書畫等藝術方面有特殊造詣的人，他們去到琉球當然也傳布了中華的文化。另外，琉球人來中國的除正貢的使臣外，又有官費、自費留學生、通譯人員、商人等等，幾乎每年不斷，藉著朝貢或賀元旦、賀壽辰、賀太子誕生、賀冊封東宮、請封、迎封、謝封、接貢、補貢、報喪、弔唁等等的藉口來華，人數的眾多，次數的頻繁，真是計不勝計。經由雙方大量人員的來往，貨物的交流，高度進步的中華文化便陸續的被琉球人吸收接受，琉球因而也成了東亞世界中國文化圈的成員了。

　　正如亞洲世界中國文化圈中其他成員如韓國、日本與越南一樣，琉球也具備漢字、儒學、律令、中國科技與中國化佛教等五要素。同時這些中國文化也多由和平方式傳播到琉球的，有些至今還在琉球存在並發生影響與作用。由於篇幅的限制，本文只就琉球王國王家漢化一端，來談談東亞文化圈在這塊海

4.《那霸市史》，〈冊封使錄關係史料〉（那霸：那霸市役所，1977 年），頁 1–17。

天荒島上的形成與發展的情形。

　　首先來看看琉球國王家族的姓氏。儘管琉球史書記述他們的開國君主叫天孫氏，這一族人「交讓相傳凡二十五紀，歷一萬七千八百有二年」。**5** 不過這是無法考證的神話，「天孫氏」之說是於史無據的。直到琉球成為明朝的屬邦之後王家似乎才講求姓氏的問題，明朝仁宣年間，冊封使柴山至琉球，以明皇帝名義，賜琉球國王「尚」姓，從此琉球王家有了正式的漢字姓氏。**6** 不過，也有一說是「洪武年間，察度王通中華後，始有姓並諱也，然未為盡備」。**7** 總之，琉球王室以尚為姓是因通中華後才有的。後來到尚貞王時代，國王又賜同宗的人「姓名乘頭字，以明本同一氣」。琉球史書中記：「往古之時，君王同宗，未有定姓名乘，由是王賜論同宗一族，不論貴賤，皆『向』字為姓，『朝』字為名乘頭，以明同宗一族也。」**8** 王家既然有了姓氏名乘，當然也注重家族傳承一類的世系專書。在尚質王三年（清順治七年，1650），國王命令大臣尚象賢等編修《中山世鑑》，當時因為「本國（指琉球）素無□王世譜，□王命尚象賢旁訪父老，博採籍典；以編修《琉球世鑑》，而中山王世統興廢，政治美惡及昭穆親疏，事業功勳，燦然足溯，昭然足稽，

---

5. 琉球鄭秉哲等纂修，《球陽》，第 2 條（東京：角川書店排印本，1974 年）。

6. 《球陽》，第 85 條；東恩納寬惇等編，琉球《中山世譜》重印本，頁 55–59（東京：井上書房，1962 年）。

7. 《球陽》，第 563 條。

8. 《球陽》，第 573 條。

《中山世鑑》由此而始焉。」❾二十多年後又改修《中山世鑑》為《中山世譜》，由「唐榮總理官蔡鐸命改以漢字校正」而成。❿琉球在明朝初年國內紛亂，有中山、山南、山北三方政權，後由中山國統一，中山遂與琉球同義了。明太祖在洪武二十五年 (1392) 賜福建「三十六戶」到琉球，這些華人頗受琉球王禮遇，讓他們聚居在那霸的久米村地方，稱為「唐營」或「唐榮」。久米村的華人子孫因通漢文，因此也多以他們擔任朝貢時的通譯與文書工作。蔡鐸是華裔中通曉漢文的學者官僚，因而命令他以漢文改修了《琉球（中山）世鑑》為《中山世譜》。

王室有了姓氏名乘，也編纂了世系譜書以後，國王又下令命設置御系圖官。系圖就是世系圖譜之簡稱，設置此官的目的是「令群臣各修家譜，謄寫二部，以備上覽」。⓫尚貞王二十二年（清康熙二十九年，1690）又「賜姓於群臣，以群臣悉皆有姓與諱矣」。⓬琉球王國的君臣上下因與中華文化接觸而至此都有了漢字姓氏了。

琉球國王大位繼承問題也是可以說明東亞世界裡這位新成員在中國文化圈中的形成與發展。琉球上古史中，國家領導人都是些神化的英雄人物，甚至有王權天授之說，直到明初與中國建立封貢關係的察度王，仍有「天上神女」是他生母的荒誕

9.《球陽》，第 319 條。

10.《球陽》，第 607 條。

11.《球陽》，第 551 條。

12.《球陽》，第 563 條。

傳說，[13] 根本談不上王位繼承制度的問題。另外在琉球古代國王大位的授受史實中，我們可以看到不少是「群臣皆勸」或是「群臣擁戴」的結果，像尊敦王、英祖、察度等都是實例。[14] 直到明朝末年尚元王時，仍有權臣想廢世子而另立尚鑑心為繼承人之事，[15] 可見當時王位繼承未有確定制度，還存在著唯力是聽、強權主宰的現象。明世宗嘉靖五年 (1526) 琉球國王尚真病逝，世子尚清上疏明廷請求襲封，發生了「質疑」、「勘報」的事件，這對琉球王位繼承制度的確立無異是一份催化劑。清朝日後去琉球的冊封使汪楫與徐葆光都說明朝禮部「命福建鎮巡官查報」，但沒有提到為何要「查報」的原因。[16] 倒是在當時擔任尚清王冊封使的陳侃談到了其中的問題所在，他說：「嘉靖丙戌（按為五年）冬，琉球國中山王尚真薨。越戊子，世子尚清表請襲封，下禮部議。禮部恐其以奚齊奪申生也，又恐其以牛易馬也。令琉球長史司覆覈其實，戒毋誑。越辛卯，長史蔡瀚等覈諸與民達於勳戚，同然一詞。僉曰：『尚清乃先王真之冢嗣，立為世子有年。昔先王辱徼福於天朝，願終惠於義嗣者。』[17] 具文申部，宗伯豔之。越王辰春，禮部肇上其議，請

13.《中山世譜》，頁 38。

14.《中山世譜》，頁 31–33。

15.《中山世譜》，頁 29。

16.汪楫，《中山沿革志》與徐葆光，《中山傳信錄》，（《那霸市史》，頁 66、116）。

17.《球陽》，第 551 條。

差二使往封。」[18] 封貢關係是以嫡庶區判大宗與小宗的，中國是大宗，屬邦是小宗，小宗的世襲封土爵位等等，也是以嫡長為準的，所以嫡長的人才有繼承、襲位的資格。尚清如果不是嫡長子，他的襲封當然就要被「質疑」了。事實上尚清不是尚真的嫡長子，這項消息可能傳到了明朝中央，因而有禮部下令調查的事，陳侃等人也因此延遲到嘉靖十三年 (1534) 才到琉球冊封。據琉球史料所記：尚真共有子七人，尚清是第五子，嫡長子是尚維衡，但尚維衡「獲罪於父王，被遠逐而隱居浦添城」，[19] 當然也失去了繼承王位的資格。這件調查案件最後在琉球國人的保證下，明朝才勉強同意派使冊封。嘉靖三十四年 (1555)，尚清病逝，臨死前召權臣至寢室，遺命世子尚元繼位，但事後權臣葛可昌等想另立他人，法司毛龍吟怒斥道：「尚元乃正妃之所生，邦家之冢嗣也。」堅決要「立長紹世」。[20] 經由這次爭論，琉球王位繼承已有立嫡立長的傾向了。不過，尚元以嫡長傳位只實行了一次，他兒子尚永無子嗣，結果以姪子尚寧繼位。尚寧又未生子，乃行兄終弟及制由尚豐為國王，琉球王位繼承制度在此時期中混亂不堪；雖因明朝下令應立嫡立長，但因琉球國王兩代無嗣以及尚寧被日本拘禁種種家國變故，加

---

18. 陳侃，《使琉球錄》，頁 2。

19. 《球陽》，第 193 條。另《向氏家譜‧小祿家》記尚維衡「正德三年戊辰立為世子，然有事故而竄居部外浦添城」，見《那霸市史》〈首里系家譜〉，頁 201。

20. 《中山世譜》，頁 98、100 等處。

上明朝本身遭逢流民與滿洲動亂，無暇顧及遠邦，琉球王位繼承也不能完全按照中國古禮進行了。

明清易代之後，琉球又成為清朝的朝貢國，而且與清朝的關係更為良好。順治五年 (1648) 琉球國王尚質即位，他一心要增進雙方關係，並進一步學習與推行中華文化。在他任內下令編修明辨王室昭穆親疏關係的《琉球世鑑》，定三年之喪，又派多人到中國研究學問與一些實用物品的製造方法。對於王位繼承制度，顯然他採取了中華古法立嫡立長，他生子七人，其中尚貞、尚弘毅、尚弘仁為王妃所生，尚貞嫡而居長，因而尚質就以尚貞為繼位之人，完全符合中國嫡長世襲制度。

尚質、尚貞二王之後，琉球國王大位的繼承已在立嫡立長的原則下順利進行，直到清末道光之世，兩百年間，幾乎都是父子相承，而且是以嫡長為序的，其中尚益是以「世孫」身分繼承王位，尤其能看出琉王貫徹以大宗領有天下的理想。[21] 至於尚溫、尚灝得位，表面上看似乎不合嫡長世襲制度；但實際上是有其足夠繼承的原因，連宗主國也不能反對，因為不是世子夭折，就是王室僅存之「宜承國統」人選。[22] 總之，琉球王位繼承一事，其漢化過程很能表明東亞國家在中國文化圈中形成與發展的一些實況。

自從建立封貢關係之後，琉球政府的典制朝儀等方面還有

---

21. 《中山世譜》，頁 128、130、132、146、174、192、235、254 等處。
22. 《中山世譜》，頁 195、235。另可參看琉球《歷代寶案》，第 2 集，卷 98，頁 4741（臺北：臺灣大學，1971 年）。

一些重大改變也是值得一述的，例如：

㈠國王與百官有了印信。洪武十六年 (1383) 明太祖賜琉球中山王鍍金銀印一方，兩年後又賜山南王、山北王鍍金銀印各一。[23] 印信象徵地位與權力，明朝皇帝頒賜印信是要琉王管理人民，保守疆土的。清朝代明有國之後，琉球仍為清朝屬國，保持封貢關係。順治八年 (1651) 琉球向清廷繳回明朝賜印，另由清廷頒賜新印，以作新朝統治指定人的憑證。[24] 尚貞王九年（清康熙十六年，1677），琉王下令「定攝政法司朱色印並法司御物座之墨色印，以行國中」。[25] 中國印信文化在琉球發展了開來。

㈡建立了衣冠制度。中琉封貢制度建立後，明太祖即賜琉王「衣幣」。洪武三十一年 (1398) 三月，因琉王遣使來華，請中國冠帶，明太祖曰：「彼外夷能慕我中國禮義，誠可嘉尚，禮部其備冠帶之制，往示之。」[26] 其後在尚巴志王時代，明宣宗賜「皮弁冠服」。[27] 明憲宗又賜尚真王及王妃「皮弁冠服，金鑲犀帶」。[28] 尚真王也開始制定：「百官分職，且製為此六色帕，而以其紫黃紅綠青定貴賤，分上下，而紫黃貴，紅綠次之，青又次之。」[29] 從此中華衣冠之制被琉球王室及政府所採用。

23.《球陽》，第 33、38 條。

24.《球陽》，第 323 條。

25.《球陽》，第 478 條。

26.《球陽》，第 48 條。

27.《球陽》，第 82 條。

28.《球陽》，第 142 條。

　　㈢改舊制以伸王權。琉球王國自古有王室互鬥、權臣弄權的不良傳統，自從成為明朝屬邦之後，有為的國王乃藉宗主國之君臣尊卑文化的庇護，在國內改定舊制，提高王權。尤其到清朝以後，改革尤多，如尚質王時代，對王子弟任國相的，確定他們「雖任國相職，然同臣也，宜辭四拜禮，而受一叩頭禮」，此事「永著為例」，**30** 這一措施無異是打壓了王室貴冑的特權與地位。尚質王又規定「世子及王子弟按同等，每月朔望亦進城見朝」。以前世子及王子弟等只進城慶賀佳節，而每月朔望不見朝。尚質為了伸張王權，命令世子等王家貴族於尚質王十九年（清康熙五年，1666）冬季起必須朔望入城朝見。**31** 王叔、王弟等既然是「臣」，理當與「諸官共同行朝賀拜禮」。另外「任法司官拜謝之日，在朝官員悉皆朝冠」；**32** 臣工有升官的「必戴其官位冠行拜謝之禮」。**33** 這些利用中華古禮以增高王權的措施，都是琉球王家漢化的證據。

　　㈣用中國曆書，奉中國正朔。在東亞世界封貢關係中，奉中國正朔是屬邦應盡的一大義務，琉球也不例外。明太祖在洪武七年 (1374) 就賜給琉球王察度《大統曆》，**34** 琉球行文修書等

29.《球陽》，第 197 條。

30.《球陽》，第 357 條。

31.《球陽》，第 365 條。

32.《球陽》，第 372 條。

33.《球陽》，第 378 條。

34.《明史》，卷 323，頁 1。

事即以明朝皇帝紀元為準。明憲宗成化元年 (1465) 琉球王弟尚武隨使團赴華，慶賀明朝新君登極，返國前曾在福建「始學造曆」，後在琉球使用。尚質王二十年（清康熙六年，1667），由於「年久世遠，有舛誤」，琉球又命久米村人楊春枝「入閩復學曆法」，楊春枝前後在福建學習四年，歸國後「題請刻版曆書，未及成功，不幸而死，其弟楊春榮從兄學曆，以後亦奉命為司曆官」；尚貞王六年（清康熙十三年，1674），琉球曆書「刻版已成，遂為印造，通行於國中」。[35] 清高宗繼承大位之後，琉球為了敬避乾隆皇帝的御名弘曆，特將「司曆官」改稱「司憲官」，[36] 漢化可謂更深一層了。

　　㈤宗廟與王陵的建設。琉球人對祖先一向是尊敬的，但王室對列祖列宗建廟祭祀以及尊奉祖先骸骨入特建的陵寢，都還是與中國建立封貢關係後才逐漸講究起來的。在尚圓王時代，約當中國明憲宗成化年間，琉王造天王寺以「為王廟之備」。又造崇元寺作為冊封使來琉時諭祭先王之所，王室祖先「奉安此廟，而春秋二仲，以中華之禮祭之」。[37] 尚真王十八年（明弘治七年，1494），因天王、崇元等非專屬家廟，乃在圓覺寺右側新構宗廟，「奉安正統昭穆諸位神主，以致祭祀焉，名之曰御照堂」。[38] 尚元王又於十六年（明隆慶五年，1571），因圓覺寺「廟宇

---

35. 《球陽》，第 133、388、469 等條。

36. 《球陽》，第 1039 條。

37. 《球陽》，第 132 條。

38. 《球陽》，第 156 條。

窄狹，難以奉安先王神主」，乃加建宗廟，祭祀正統昭穆神主。**39** 琉球王室宗廟至此定制。至於帝王陵寢的興建，則是在尚真王二十五年（明弘治十四年，1501）。琉球史書中記：「尚圓王已薨，葬於見上森陵，今番新築王陵於中山坊內之地，前臨首里大街，東側天界寺，奉先王尚圓移葬此王陵。」**40** 後來風水學傳入琉球，據地輿家言：「玉陵發祖國都高處，最好。城中有龍泉，味美且清，則玉陵地性，無可知焉。……穴前平坦，及望其外，則萬家之地，廣大濶寬，足容萬馬，『奇形』地也。」**41**

　　㈥中華禮樂的仿行。中國皇家活動，最重禮樂。琉球在這一方面也次第仿行了。現在以元旦朝賀一項來說，亦可略知其大概。據琉球官書稱：「元旦，於紫城庭上，儀仗五色旗，並香案、花盆等，設置於其年吉方。至於巳刻，三鼓已始，按司部列立奉神門外，候群臣之下。法司等官，列立於丹墀上。引禮大夫、通事等，出行兩跪一揖之禮。大夫、通事等，指引群官，下列奉神門外，按司分列左右，御馬二匹上庭，即引禮官引群臣後上庭排班。聖主出拜神祇，時長史一員，法司一員，出班侍拜。長史讀祝禮畢，且百官列立庭上，儀仗五旗、花盆等，移於丹墀上，則聖主出御於唐玻豐（殿名）。宮嬪出到唐玻豐燒

39.《球陽》，第 225 條。

40.《球陽》，第 166 條。

41.琉球鄭秉哲等修，《琉球國舊記》，頁 11（東京：井上書房排印本，1962 年）。

香，百官拜禮。時司法官一員，長史一員，出班，詣香案前上香，長史讀祝禮畢。冬至亦然。正月十五日，頗如此。」[42]慶賀元旦禮舉行時亦奏樂，「除夜自五更迄卯時……有三次吹鼓……令吹鼓手排安樂器於庭上……辰刻頭鼓，辰半刻再鼓，巳刻三鼓，則百官以行朝賀之禮」。琉球史官們在記述元旦朝賀禮的同時，又說：「洪武年間，閩人抵國，制作禮樂，以教於國，從此以後，音樂洋洋乎盈耳哉，不異中國云爾。由是考之，本國音樂，自三十六姓而始也，已無疑矣。」[43]

　　琉球成為中國文化圈中的一員，就其王室漢化而言，還有兩項更為重要的事實應該加以考察，一是中國精神文化方面的儒學，一是物質文化方面的飲食。

　　儒學是指中國孔子首導，後經他的歷代弟子發揚光大的一種學說思想。這種儒家的學術思想自漢武帝肯定是治國平天下的至理之後，中國歷代君主都尊崇儒學，因此儒學便成了國家學術思想的主流，兩千年來，直到明清之世，未嘗稍改。由於儒學是和平的文化，重禮樂教化，具有持久性，所以很多中國鄰邦屬國也力圖仿行，崇尚儒術，用作治理天下的準繩圭臬。琉球王國在明初與中國建立邦誼，加入中國文化圈之後，也不例外的接受了儒學，受到儒學的薰陶與影響。

　　琉球王國因與中國有封貢關係，每逢琉王去世與新王登基，都必須向中國報喪與請封，中國也必須適時的派遣專使到琉球

---

42. 《琉球國舊記》，頁 58–59。

43. 《球陽》，第 54 條。

去諭祭先王及冊封新王。一切典禮儀注均按中華古禮進行。如襲封得先驗明新王是否是「嫡長親男」。冊封使是皇帝特命的大員，身分高貴，到琉球後，琉球世子因為冊封使恭捧詔敕至國，必須候迎於國門之外，以示對宗主國的尊敬。冊封使雖有「冊封」名號，但到琉球後，先行祭先王禮，然後才行封新王禮，因為「祭先於封者，尊也，所以勸天下之孝也」，「封其生者而又祭其薨者，厚也，所以勸天下之忠也」。[44] 在諭祭與冊封禮上，雙方當事人都服中華禮服，行中華古禮，讀祭文，宣封詔，置龍亭，陳儀仗，一切都依體制隆重舉行，也可以說一切都在實踐以禮為中心的儒家思想。[45] 另外，從察度王奉詔入貢後不久，琉球就在明洪武二十五年 (1392)「遣其從子日孜每、潤八馬及官員子仁悅慈三人渡海到明朝國子監讀書」。[46] 其後不斷派遣王室及官員子弟到中國留學，這批青年學子在中國所受的教育「以孝弟、禮義、忠信、廉恥為之本，以六經、諸史為之業務」，[47] 根本就是標準的、傳統的儒學。他們回國後又多在琉球政府做官，當然會產生傳布並推廣儒學的作用，包括國王與王室內部會受到相當程度的影響。還有久米村的華裔移民，他們世代聚居，不但保持了中國傳統的生活方式，而且普遍強調子孫學習「四書」、「五經」。[48] 他們當中不少人肩負明清兩代朝貢

---

44. 陳侃，《使琉球錄》，頁 5。

45. 陳侃，《使琉球錄》，頁 1–2、5–6。

46. 《球陽》，第 45 條。

47. 《明史》，〈職官志〉，卷 73，頁 23。

時通譯與聯絡的工作，同時也產生了幾位聞名的大儒。這些久米村人在琉球王室漢化工程起過催化與主導的作用，國王的很多儒家思想政策是他們制訂出來的。總之，琉球國王在以上幾類人物的耳聞目濡下，遊說建議下，逐漸地深一層的進入了中國文化圈。現在且舉數例，以說明琉球國王本身以及他們在施政實踐儒家思想的一斑。

在明初洪武與永樂年間，琉球王武寧執政。據琉球史家說：「武寧荒淫無度，用非其人，諫者罪之，諛者悅之，壞覆先君之典刑。」**[49]** 可以說他是一個無德的昏暴君主。而當時的山南王他魯每則「奢侈日加，常拒忠諫，宴遊是好，不務政事，民多怨之」。**[50]** 山北王「自恃武勇，荒淫無道」。分裂的三國沒有一個領導是有賢德的人。中山國有位按司官名思紹的，其子巴志有「治世安民之能」，思紹就立巴志為按司，自己「自退養老」。後來巴志在人民擁戴下起義兵，推翻了武寧，但不自立為王，而「奉父思紹為君，自能輔翼父王，發政施仁」。**[51]** 直到他父親思紹死後才繼承大位。巴志日後平定山南、山北政權，使琉球重歸一統，他在位期間，應敷教化，統御萬民，堪稱明君。

思紹與巴志這一系統約統治六十多年，王統又轉到另一家族尚圓王家中了。尚圓王原名金丸，也是一位按司，「生而有賢

48.徐葆光，《中山傳信錄》，頁 148。

49.《球陽》，第 66 條。

50.《球陽》，第 84 條。

51.《球陽》，第 67、74 等條。

德」，對於國王尚德屢次不畏地進諫，據說因為尚德「巧言飾非，搶殺良民」，而且「放辟邪侈，略無忌憚」，金丸就進諫說：「臣聞君王之道，持己以德，養民以仁，務在為民父母。今王廢朝綱，壞典法，妄防忠諫，擅殺無辜，恐非為父母之道。伏願廣納忠諫，痛革前非，舉賢士，退不肖，興政施仁，視民如子，則民怨可弭，社稷可安矣！」後來尚德王「暴虐日甚」，金丸乃致仕歸隱。尚德王掌政九年逝世，金丸以「寬仁大度，更兼恩德，足為民父母」，而在群臣「擇賢為君」的口號下被擁戴為王了。[52] 以上這幾位國王的得位，也許是後世史官根據家乘、文集以及一些傳聞的轉述，未必是信史；不過，巴志奉父思紹為王，是盡孝的表現。金丸能成為尚圓王，則是尊賢的結果。「進諫」、「舉賢士，退小人」，反奢侈，批淫虐等等，都是儒學中德治的重要內容，可見已成為琉球國王是否能成為明君的標準了。到了清代以後，中華文化對琉球的影響更為加深，琉球國王也將儒學中講求的德目實踐到社會政策上面了。例如興建孔廟，設立鄉學，傳布孔子學問，弘揚儒家倫理。[53] 任命家譜管理官員，下令官員士人各家修譜，以明尊卑昭穆，確定人群關係。又設官「觀察民俗，以勸善行」，[54] 結果社會上一時發生很多事親至孝、孝養舅姑、尊祖敬宗、和睦友悌、忠於家主、勤儉貞節等等的感人事蹟。[55] 政府對這些忠孝節義之人，或賜

---

52. 《球陽》，第 123 條。

53. 《球陽》，第 453、721、1457 等條。

54. 《球陽》，第 761 條。

予官爵，或賞給匾額、物品，以示獎勵與褒揚，使琉球成為真正的「守禮之邦」。這些政策的施行，對琉球朝野移風易俗很有裨益。直到清代嘉慶初年，李鼎元等人擔任冊封使到那霸時，琉球人還是「率恭謹，有所受，必高舉為禮；有所敬，則俯身搓手而後膜拜」，「有夫之婦犯姦，即殺」，「此國中良賤之大防，所以重廉恥也」。[56] 由此可見，儒學對琉球社會移風易俗之功，不能不算廣大深遠了。

再就物質文化的飲食部分來看，琉球王室自與中國建立封貢關係之後，確實頗受中華文化影響，無論是食品、器皿、禮儀等事，都有顯著的改變，而且是非常顯著的漢化改變。現在僅就歷代冊封使的不完全觀察，略述情形如後：明世宗嘉靖十三年 (1534)，陳侃任冊封使至琉，他對琉球人飲食及琉王招待他的筵宴事，作了一些描述，他說：「夷俗席地而坐，無燕享醼會之事，不知烹調和劑之味。」琉球國王賜宴的菜餚雖多，「然不能自製也，皆予等所帶庖人為之」。顯然琉球王室借用了冊封使帶去的廚師為王室辦宴席。後來到陳侃將要返國時，琉王又為他設宴餞行，這次筵席似乎大異於前，所以陳侃在他的《使琉球錄》中特別又記下了如下的文字：「見其席之所列，皆非昔比，山蔬海錯，糗餌粉酏雜陳於前者，創造精潔，味皆芳旨；但止數品，不能如昔之豐。詢之左右，乃知前此之設，皆假諸閩人。此則宮中妃嬪親製，以表獻芹之敬耳。」[57] 正如陳侃說

55.《球陽》，第 1085、1086、1104–1113、1116–1124 等條。

56.李鼎元，《使琉球記》，頁 249、256 等處。

的，當時琉球王室的「國宴」還很簡陋。一百年之後，當明朝
冊封使在崇禎六年 (1633) 到那霸時，琉球王宮大宴的飲食似乎
仍然沒有「沾染漢俗」。胡靖認為「國王設宴，例用貼廚，則天
使自帶十五人，為王辦宴」。[58] 這一年冊封團的正使是杜三策，
副使名叫楊掄，胡靖是杜三策的從客，隨使團赴琉，他返國後
編寫了一本《杜天使冊封琉球真記奇觀》的書，書中記述了以
上文字。

　　入清以後，由於中華文化的加速傳入，琉球王室及民間的
飲食文化改變了很多，而且多是仿行中國。康熙二十三年
(1684)，冊封使汪楫到琉球，他注意到了琉人的飲食情形，並作
了文字的紀錄，他說：「燕會人各一器，不共食。刳木為椀，椀
小並無多設；而召中國人飲，則亦如中國之制，磁盌羅列，亦
設調羹。通事云：數年前尚未有此，日趨華侈矣。」[59] 比起胡
靖看到的「飲食二餐，餐以一碗為度；凡肴饌，盡乾製，無調
羹」、「食用手，無匙箸」[60] 的情形，顯然有了不少改變、不少
的進步。三十六年以後，清朝另一次冊封使團赴琉，副使徐葆
光談到琉球官家宴客情形與汪楫所見的差不多，說「今其貴官
對客，亦效中國同器，分箸飲食」。[61] 李鼎元是清朝嘉慶五年

57.陳侃，《使琉球錄》，頁 6、7。

58.胡靖，《杜天使冊封琉球真記奇觀》，頁 42。

59.汪楫，《使琉球雜錄》，頁 55。

60.胡靖，《杜天使冊封琉球真記奇觀》，頁 42。

61.徐葆光，《中山傳信錄》，頁 157。

(1800) 去琉球的冊封副使，他回國後寫成《使琉球記》是可讀性很高的記實作品，也可以說是當事人親身經歷的第一手史料。他記錄了八月初十日琉球王尚溫在崎山東苑的一次宴會，他說：「國王請入室，食品略仿中國，器皆景德瓷。設高席如京師半桌，椅曰交椅。席三，天使，國王各坐其一；紫帽司酒，黃帽司肴，皆跪進。金壺高尺許，形如鳩；金盤圓而為鼓，凹其中以受杯。金爵圓，闊上而稍削其下，可容五合；兩耳高出爵面。唾壺，漱盂，煙架，畢具坐側。酒三行，國王遣官致寒溫。又三行，遣官致謝於國王，辭以既醉，國王再三勸，又三行，肴已九進。酒止，飽飯一甌，撤席。」十天以後，李鼎元在一位長史家「留飲」，長史告訴他在琉球「勸尊者酒，酌而置杯於指尖，以為敬。平等，則置手心」。這才令他回想到國王對酒當日之事，因而在日記裡又寫下：「余始悟國王進酒之禮悉仿中國行，非國俗也。」❷可見到清代中期之後，琉球王室飲食文化多仿中國，而且特別重視禮節。

　　最後應該再談談中國漢字與佛教等宗教信仰對琉球王室與社會發展的有關情形。琉球從國家名稱、國王稱謂、王室與官員姓氏、官職與宮殿的命名，一切都用漢字。尤其是王室與殿府所修的重要書籍，如《中山世譜》、《琉球國舊記》、《球陽》等等，也都是由漢文所製作。還有不少王室成員，他們深受儒學影響，飽讀中國詩書，自己能寫出一手好的漢詩，至今還有相當數量的存留，成為古琉球王室的珍貴文化遺產。除此之外，

62.李鼎元，《使琉球記》，頁 254、256 等處。

琉球國在明清兩代與中國的正式交往文書完全使用漢文字，寫製工作主要由久米村福建移民的後裔相沿擔任。自清代康熙之後，久米華裔負責封貢事務的官員又著手編輯多年積藏的兩國交往文獻資料，一直到清朝末年，未嘗停止。這些被整理而保存的檔冊，後來被稱為琉球《歷代寶案》，是研究近世琉球對外關係的史料寶庫。這套琉球《歷代寶案》所收的文獻起於明代永樂，迄於清代同治，前後四百多年，所有文書均用中國年號，內容有皇帝的詔敕、禮部的咨文、福建布政使司等咨、奏表、國王咨文、執照、文稿、符文等等官方往來文書，也有部分記錄冊封使隨從人員赴琉時所帶的貨物清冊，不過為數不多。據康熙時代最先從事整理的人說：「《歷代寶案》藏於天妃宮，其來久矣。然歷世已久，而不能無廢夷之患，今國相尚弘才，法司尚世俊、毛克盛、毛見龍，心甚愛之，隨□紫金大夫蔡鐸、長史蔡應祥、鄭士綸重修舊案，抄成二部。」**63** 後來分藏首里王城及天妃宮。據說當時重抄整理的工作一共只花了七個多月時間，自康熙三十六年 (1697) 四月初四日起，至同年十一月三十日即告竣。這兩份原抄本到清末日本亡琉時，王室的一份被日軍搬回東京，移存內務省。天妃宮的一份後來為華裔輾轉秘藏，免被日人消滅，最後才存放進沖繩縣圖書館中。可是這批檔案的命運悽慘，東京內務省的燬於 1923 年的東京大地震火災，那霸本地的原抄本則在第二次世界大戰期間燬於兵火。所幸多年來有不少學者專家寫製了幾種重抄本，而其中以臺灣大

63.琉球《歷代寶案》，卷首按語。

學（原臺北帝國大學）的數量最多，比較完整。現在琉球史學界從世界各地收集殘存資料，重新加注解釋，成就了新編，誠是大功德事，各界很容易可以參考到這份琉球加入中國文化圈的重要證物了。

　　琉球接受佛教可能早至十三世紀，而且可能是日本人傳入的，明代以後，佛法多由中國傳入。琉球土地雖小，但各地所建佛寺仍屬可觀，如圓覺寺、天王寺、天界寺、龍福寺、安國寺、照大寺、建善寺、廣嚴寺、護國寺、如來堂、觀音堂、楞伽寺、藥師堂等等。另外還有龍王殿、天妃宮、天尊廟、關帝王廟等。❻❹ 這些重要寺廟殿堂，不是隨閩中三十六姓「營邑宅時，創建此廟」，就是國王命輔臣「卜地興建」的。可見琉球自與中國建立外交關係後，中國化佛教便逐漸傳入琉球。不過琉球王室成員與留學生來華的人不少，他們回國後多為掌理朝政的要員；由於他們對儒學有極深造詣，覺得人應該多關心人群關係及現世問題，不能只追求來生，懷出世之想，因此佛教在琉球政界無重要性，在社會上發生的作用也不多。

　　以上幾點，僅是琉球王室漢化的犖犖大者，其他如定三年之喪，定王室拜謁家廟規條，定王子弟朝儀等等，❻❺ 也都是可以看出琉球進入中國文化圈的一些過程，由於資料不多，不擬

64.有關琉球寺廟建造與寺內供佛等情形，請參看《琉球國舊記》，卷1，
　〈那霸記〉、〈唐榮記〉及卷7〈寺社〉等處。

65.《球陽》，第433、534、588、614、1180條，及《琉球國舊記》，卷4
　〈三年喪〉條均可參看。

在此申論了。

　　綜觀以上所述，我個人有幾點初步看法，現在寫在下面，就教於學界高明：

　　第一，文化的傳播確實與人口流動有著密不可分的關係；中華文化傳入琉球，也不例外。儘管有史書記載朱寬入海、陳稜征琉、楊祥掠劫、張浩出擊等等的早年中琉關係史事，但是可靠性有問題，至今仍在爭論。況且當年流動的人口不多，又沒有在琉島久居，更談不上經常持續性，所以文化交流的影響顯然不大。到了明代初年，中琉建立封貢關係之後，雙方交往頻繁而正常化，流動人數大為增多，中華文化的輸入琉球變得普遍而深入。以明清兩代中琉人口流動來看，有著不少特徵，值得我們注意。例如交往是雙方、交互進行的，而琉球來華的人口比中國赴琉的要多很多。不過，中國去琉球的人口雖有農商等中下層的勞動者，但也有不少知識分子的官員、文學家、藝術家、醫生等專業文化水準很高的人，與一般中國人為謀生海外而移民的情形頗有不同。另外，中國去琉球的人也不限於東南一隅的閩粵兩地，華中與華北的不乏其人，因此在明清時期傳入琉球的中華文化是中國各地的，是由多種職業人士移植去的。琉球來華的則有貢使團或其他官差的成員、商人、留學生等等，尤其是留學生以官費與自費的方式，在華多年，學習高等的、先進的中國學問與技術，然後帶回琉球去應用與發揚。這些因素應該是琉球王國雖是較晚成為中國文化圈成員，但發展不比他國為慢的一項重要原因。

　　第二，琉球王國在進入中國文化圈接受高度漢人文化時，其過程亦與一般文化學者的說法符合。我們知道：人類思想和活動所有領域中的變化，若是發生質的由壞變好，由低級變為高級時，通常是由外緣發生變化，而後才逐漸有內核的變化。文化學者相信人類在歷史長河中前進發展期間，先從各種器物的創造，構成物態文化層；而後人類在社會實踐中又組建了一些社會規範，因而有了制度文化層；更後由於各式人類交往而形成了一些約定俗成的習慣，成為行為文化層；最後則由意識活動的長期積累若干印象、經驗而構成心態文化層。由於這些由外而內的文化層價值密度不同，對外來文化的抗拒力也各異，而其中以物態的一層密度最小最弱，因而最容易被攻破而容受外來的別種文化。以中華文化傳布琉球為例，最初他們「不貴紈綺，惟瓷器鐵釜是尚」，[66] 稍後才乞賜舟船、衣冠，連飲食文化到明末還不甚講究。至於儒學與王室的大位傳承、朝儀宮規等等，直到清初才建立起制度，顯然早期只接觸到中華文化的外部物態一層，深度內核層次有些到後期開始研究學習，有些根本無法仿行。因此，琉球王室的漢化，是與文化學上的理論符合的。

　　第三，由於儒學傳入亞洲世界不少國家，特別是那些成為中國文化圈成員的國家，這些國家的君主與高官都重視儒家倫理，強調對宗主國的忠誠，他們重夷夏之防，也有「忠臣不事二主」的信仰，因此在滿清代明有國之時，像受儒學影響極深

66.《球陽》，第 30 條。

的朝鮮就對清朝表現激烈反對抗拒的態度，他們儘量設法不奉清朝正朔，對滿清當局竭盡誣蔑之能事，甚至希望明朝能恢復中華。可是琉球卻採取了務實的態度，很快的與清朝建立了延續明朝的封貢關係。這可能因為儒學當時還沒有在琉球生根茁壯，影響甚微，加上琉球有其特殊的國家遭遇以及清初帝王制訂成功的對琉政策，因而使得琉球不像其他屬邦有著只仰慕中華文化而輕蔑清朝政府的不協調態度。相反地，琉球王國與清廷建立了更和睦的邦交關係，傳入了更多更有深度的中華文化。舉例來說，像王位繼承制度用嫡長制；設置族譜官員保管、督修王室與官家的譜系之書，用以強調宗法，辨別昭穆尊卑；立朝綱、定朝儀、辨衣冠，以伸張並強化王權；定三年喪禮，獎勵忠孝節義人士，以美風俗，淑世教，使琉球成為名副其實的「守禮之邦」。這些漢化的成果，也使琉球有資格躋身於中國文化圈之列。

　　第四，談到琉球漢化的成果，有一點是值得強調的：琉球接受中華文化的歷程不算久，影響從表面上看也並不十分顯著；但是到十九世紀中葉以後，西方列強文化東來時，東亞文化圈陸續解體，琉球也逃不出滅亡的命運，在清光緒五年 (1879) 被日本兼併，成為日本一縣。不過，琉球在以下兩方面的表現是超越一般中國文化圈其他成員的，一是儒學信仰，一是對宗主國的忠誠。琉球原本宗教是信仰祝女的巫教，祝女一直受到王室及人民尊敬。尚圓王時代任祝女的就是他的長姊。祝女是世襲制，凡國泰民安、航海農事、婚喪祭祖等等事務，她無不包

辦。但自儒學傳入琉球之後，巫祝宗教逐漸受到理性儒家學者的懷疑，從而在王室、政府與知識分子中減低重要性與權威性。清康熙六年（尚質王二十年，1667），國王正式宣布削減首席祭司的地位，不久又規定王室祭典禁止祝女參加，而以符合儒家禮節一些儀注來代替。祝女從此只在琉球鄉間流行與受人重視了。十九世紀中期，西洋基督教也打開了琉球的門戶，但琉球上層社會人士仍深信孔子的道德箴言與行為規範，他們都尊祖敬宗，依儒家禮儀行事，對西洋宗教的不拜偶像，強調責任，博愛等觀念不表贊同，因此琉球王室與人民堅定信仰儒家思想，一直排拒西洋宗教。[67]

　　至於琉球對宗主國中國忠誠的問題，可以說是難得的一個屬邦。琉球很早就被日本覬覦，而且日本一直對琉球有領土的野心。明神宗萬曆三十七年 (1609) 日軍侵入那霸，俘走了琉王尚寧，兩年後才釋放他歸國，從此琉球成為中日兩國兩屬的國家，琉球同時向中日納貢。不過琉球自明初與中國建交以來，充分了解中國對他們的繁榮進步有助益，從中國得到的利益很多，因此在明末天啟、崇禎年間，竭盡所能的謀求中國的諒解，恢復彼此維持多年的封貢關係，崇禎時代確實也如願派出專使互相往來。不過後來明亡於清，琉球先後派出貢使到南明弘光與隆武政權聯絡，但終因南明政權的短暫存在而不果。最後琉球使臣投奔征服福建的清軍統帥，再透過通事與洪承疇的同鄉關係，北上京師與清朝延續了封貢關係。如前所述，當時琉人

67.請參看琉球《歷代寶案》，〈別集・哷喚情狀〉，頁 8739 等處。

受儒學的影響還不算深，對異族滿洲的排拒不激烈；但更重要的是務實的問題，與清朝建立邦交不但有大國作後盾支援，又可以應付日本在經濟物質的需索供應。琉球始終是信任中國的。到了十九世紀後期，光緒元年 (1875) 日本政府正式禁止琉球對清朝進貢及一切往來，同年又規定琉球改用日本年號時，琉球仍以久隸中國藩封，世修職貢，不便擅自更張為詞，請求免予辦理。第二年琉球即派出專使偷渡到福建，請宗主國出面解決問題，無奈當時清朝已貧弱不堪，主事大臣又怕多生事端，主張向日本談判交涉，「言之不聽復言之」的希望以理說服日本，甚至還寄望於美國總統的協助干預，但一切都屬無益，日本終以實力兼併了琉球，讓「生不願為日國屬人，死不願為日國屬鬼」的琉球王室與臣民十分失望，眼看琉球王國亡於日本之手。儒學在琉球教育，教化上所起的作用，在促進琉球進步繁榮上所起的作用，都不是當年日本及西歐文化所能比擬的，就是在琉球亡國的經歷過程中，琉人所表現的親華感人事實，也足以證明中國文化對琉球影響之深，影響之大。

本文初稿曾在「東亞文化圈的形成與發展」國際學術研討會宣讀，2002 年 6 月 26–28 日，臺灣大學歷史系主辦。

陸、

琉球王位繼承略考

　　有關琉球王位繼承的事，我們現在可以從琉球王室家廟中神主、《世纘圖》、《中山世鑑》、《中山世譜》、《中山沿革志》、《中山傳信錄》以及明清兩朝《實錄》、琉球《歷代寶案》等官私書檔中看出一些端倪。明、清《實錄》與琉球《歷代寶案》是眾所週知的中琉關係史上重要文獻。《世纘圖》的編纂時間不詳。《中山世鑑》與《中山世譜》是琉球王下令命大臣在清朝順、康年代分別撰修的王室傳承史書。《中山沿革志》與《中山傳信錄》則是清朝冊封使汪楫與徐葆光二人在康熙、乾隆之世使琉之時搜得當地資料而後作成的專書。以上各書雖間有小異處，但內容大體相似。根據這些文獻資料，我們了解琉球在明初與中國建立封貢關係之前，已經建國了一段時間。如果依照琉球祖先流傳下來的神話，他們王國的最初建造人是天孫氏。這位天孫氏是「天帝子之長子」，他們家族「既而交讓，相傳凡二十五紀」，「歷一萬七千八百有二年」。**❶** 天孫氏傳至第二十五世裔孫時，因「德微政衰」，被權臣利勇所弒，利勇執政後不久又被浦添按司尊敦率領的義兵所滅。由於尊敦是位「英雄無比」的人物，「國人推擁尊敦，以就大位」，是為舜天王。據《中山世譜》所記，這次動亂約發生在中國南宋孝宗淳熙之世，約當西元十二世紀的後期。**❷**

---

1. 東恩納寬惇、伊波普猷、橫山重等編，《中山世譜》(《琉球史料叢書》第四種，日本昭和三十七年，1962 年，東京：井上書房版)，頁 3〈天孫紀〉。

2. 《中山世譜》，頁 30–32。

　　舜天王的父親為朝公是具有日本血統的貴族，據說他是清和天皇的裔孫。他因飄風到了琉球，結識了大里按司的女兒，後生一男，但為朝公思鄉心切，終於拋妻別子，離開了琉球，而這位被棄的孤兒便是日後被國人愛戴的尊敦。尊敦作舜天王之後，新定法政，「德被萬民」，在位五十一年，後傳位於其子舜馬順熙王。舜馬順熙王堪稱守成的君主，他「續父致治，社稷奠安」，執政十一年後傳位給世子義本王。義本王顯然不如他的父祖，他「天資削弱，仁而少斷」，因而登位後不久，國內就「飢饉頻加，疫癘大作」，大失民心。義本王也知道這是「天之所棄」，乃在諸大臣的建言下，由一位名叫英祖的人來攝政，後因英祖被視為「天之所眷」、「聖德大著」，義本王讓位給了英祖，加上「群臣皆勸之」，英祖乃即位為琉球王。英祖是天孫氏的後裔，若從嚴格的血統關係上來看，日本族裔在琉球執政七十三年之後，政權又回歸到天孫氏一族手中了。**3**

　　英祖王一系的王統傳了四代，即大成王、英慈王、玉城王與西威王，共歷九十三年。其中大成王是「世子」，英慈與玉城二王分別是以「二子」與「四子」的身分繼承，西威王雖是「世子」，但當時王母專擅，國政大亂，在位十三年，死後國人廢其世子，浦添按司察度乘勢興起，因其「才德大著」，被琉球國人推奉為王。**4**

3.《中山世譜》，頁 31–33。汪楫《中山沿革志》不記舜天王為日本人裔孫，僅記「為朝公之男子，不知何許人」(《那霸市史》(那霸，昭和五十二年)，〈資料篇〉，第 1 卷 3，頁 58)。

　　察度的父親奧間大親，「不知為何人後裔」，而母親又是「天上神女」，他的身世相當神化。**⑤** 不過另有一種說法是：「其父為浦添按司。浦添，地名。按司……如中國長官之稱。」**⑥** 察度似乎非天孫氏之後，他在位四十六年，而與明朝建立了封貢關係，接受中國曆法、衣冠制度，派遣學生留學中國並大量接受中國「閩人三十六姓」移民到琉球，使王國規模大具，政治與經濟實力提升，他確是琉球開國史上的名王。察度傳位給其子武寧王，但這位繼承人「荒淫無度，用非其人」，在位十年就被佐敷按司巴志的「義兵」所滅，琉球王室又換了新的主人。**⑦**

　　從以上天孫氏、舜天王、英祖王以至察度王各王世統當中，隱約透現出琉球古代有父子相承王位的傳統，但是當時的父子相承並沒有約定俗成，建立制度，尤其不是立嫡立長的家天下制度，因為既有世子繼位，也有二子、四子等身分為王的。同時在武寧王之前，又有禪讓、推舉、篡奪而取得政權的事實發生多次，給人的印象是有著唯力是從的傾向的。另外，古琉球王室的史事充滿神話，如天孫氏一系執政一萬七千多年，察度王為天女所生等等，都是不可信的傳說。甚至義本王因上天示警讓賢，天孫氏後裔因「德微政衰」而失國，武寧王因「荒淫

4.《中山世譜》，頁 34–37。

5.《中山世譜》，頁 38。

6. 汪楫，《中山沿革志》，（《那霸市史》（那霸，昭和五十二年），〈資料篇〉，第 1 卷 3，頁 58）。

7.《中山世譜》，頁 38–48。

無度」而被逐遁隱，以及舜天王、察度王因起義兵而為國人擁
立等等，似乎也是中國史事的一些翻版，是琉球後世史家追記
時製造出來的，都是有可能的。

　　繼武寧王之後為琉球國王的是思紹，思紹的童名與生年都
不傳，只有《遺老傳》一書中記他的父親名叫鮫川大主，是葉
壁地方人。思紹為人，「資質純厚，百姓擁戴」，因而當了佐敷
按司。武寧王之世，國內兵爭不息，思紹見其子巴志「英明神
武，雄才蓋世」，乃命巴志為佐敷按司，自己退休養老。巴志果
然不負眾望，討征武寧王，使琉球政局安定。當時「諸按司推
巴志為君，巴志固辭，奉父思紹為君」，思紹乃在明成祖永樂四
年 (1406) 即王位，第二年，思紹「自稱世子」，遣使向明朝進貢
並「以武寧訃告」，事實上巴志討武寧時，武寧「出城伏罪」，
後來「謝罪遁隱」，並未死亡，思紹的告訃請封，顯然是作偽；
不過明廷不知實情，同年明成祖便「賜祭賻，詔思紹嗣王爵」
了，琉球王統也隨之又一更新。**⑧**

　　思紹在位十六年，死後其子巴志繼位。巴志才高志大，在
國內先後平定山南、山北分裂政權，使琉球歸於中山一統的局
面。他與明朝的關係也友好和睦，不斷遣使貢方物，明朝也派
周彝、柴山等人為特使齎敕至琉球，或賜祭賻，或為冊封，雙

8.《中山世譜》，頁 49–54。《明史》，卷 323〈外國四〉琉球條下稱：「五
　年四月，中山王世子思紹遣使告父喪，諭祭賜賻冊如前儀。」《明太
　祖實錄》亦稱：「其父中山王武寧卒。」可見思紹是冒稱武寧王後人
　請封的，隱諱了他們父子政變的史實。

方往來，相當頻繁。在巴志執政的十八年間，琉球「建天妃廟」、「創建國門，榜曰中山」，又建大安禪寺、千佛靈閣，並由冊封使作碑記，尤其明朝賜琉王「尚」姓，更足以說明中華文化的進一步移植琉球。🔟 然而中國傳統的皇位繼承制度似乎仍不為當時的琉球人所能接受，因為巴志傳位於其第二子尚忠，其嫡子為何人以及因何故未能繼統，在琉球史籍中均無法查考。

　　在古代東亞國家中，君王大位的繼承方式，主要的有「世襲」與「世選」兩大類型。「世襲」是君位由子孫依嫡長次序按輩承襲，農耕民族多行此法，由於形成定制，變得和平安定。「世選」則是領袖的地位不依嫡長次序由後輩繼承，而是量才授與，或者說是憑藉實力而取得，因此大位的繼承人不一定按輩分，更不必依嫡長。兄終弟及者有之，叔侄相承者有之，甚至也有混淆行輩或以實力奪取的也不以為怪，沒有一定的規章限制，以致往往見利而趨，惟力是聽，這種方式常見於初民社會與日後的遊牧部落中。中國自殷商後期嫡長繼承制已漸形成，周代則定為國策，直到明清，實行了兩千年而不廢，顯然在中琉建立封貢關係前後，琉球王位繼承也有世襲與世選的現象。

　　尚巴志以第二子尚忠為國王，似乎也給琉球政局埋下了日後動亂的肇因。據琉球王室資料記載，尚巴志「有數男」，除尚忠外，還有尚金福、尚布里、尚泰久等人。明英宗正統四年(1439)尚巴志逝世，第二年尚忠即位，五年後尚忠辭世，其子尚思達繼承，由於尚思達無嗣，他於正統十四年(1449)死後，琉

9.《中山世譜》，頁 55–59。

球王位繼承便發生了一連串的問題。首先繼尚思達為王的不是思達的子侄輩或孫輩，而是比他長一輩的叔父尚金福，據說尚金福是「受遺命，嗣大位」的，而尚金福又是尚巴志的第六子，因而引起同輩其他兄弟的不滿。他在位僅四年，明景泰四年(1453) 辭世，繼承鬥爭於是展開了。《中山世譜》中記：「尚金福王薨，世子志魯將立，時王弟布里威勢甚盛，乃言曰：吾係巴志王之子，宜承父兄業而立。志魯怒曰：汝乃王弟，非世子也，豈可妄奪兄王之業乎？布里大怒，發兵攻擊，志魯亦擁兵拒戰，兩軍混殺，滿城火起，府庫焚燒，布里、志魯，兩傷俱絕。」❿尚志魯名為世子，又稱尚布里「乃王弟，非世子」，不能「妄奪」王位，可是當志魯、布里二人死於兵亂後，繼承琉球王位的則仍是尚巴志的另一個兒子，也就是尚志魯的另一位叔父尚泰久，可見王位繼承在當時並無一定方式。尚泰久做了七年國王，繼承他的是第三子尚德。這位新王雖然「聰明勇猛，才力過人」，令「群臣畏懼」，他與明朝保持封貢關係，並與朝鮮發展外交。在國內又征服奇界島，學中國造曆書、建佛殿、藏佛經，頗有一番氣象。可惜天不假年，他二十九歲時便死去了，世子方在幼沖之時，法司等官雖欲立幼子為國王，但御鎖側官名叫金丸的帶兵反叛，而奪得了政權，王妃與世子等寡婦孤兒也被叛軍弒殺了。金丸繼立為琉球國王，又建立了另一個新的

10.《中山世譜》，頁 63–69。《明史》與《明實錄》記志魯與布里爭繼事略同。惟《中山世鑑》稱泰久為尚金福第一子。汪楫引《世纘圖》作「泰久係尚志達之弟」，似皆誤。

琉球王統，也為「中山開萬世王統之基」。**11**

金丸的得位無論合法與否，但是後世琉球史家則為他作了一些掩飾與辯護。例如強調尚德王的「不納賢諫，巧言飾非」，而金丸則不畏死屢次進諫，確為金丸製造了不少好印象。尤其他被擁立為國王的事，史書裡記述得很動人，可以與宋太祖「黃袍加身」相提並論，當時有如下的戲劇性情節：「……群臣捧鳳輦龍衣，前至內間迎接。金丸大驚曰：以臣奪君忠耶？以下叛上義耶？爾等宜歸首里，而擇貴族賢德之人為君，言畢，淚流如雨，固辭不起，又避隱於海岸。群臣追從，極言力請。金丸不得已，仰天大嘆，竟脫野服，著龍衣，至首里，踐大位。」**12**金丸的即位，琉球歷史上稱他為尚圓王。

尚圓王於明憲宗成化六年 (1470) 即位，第二年遣使奉表貢方物時以尚德王訃，告知明朝，並請襲封。《中山世譜》中簡略的記述了此事，但是清代冊封使臣們卻透露了另外的一些消息。汪楫首先寫記：「（成化）七年，圓遣使蔡璟等入貢，以父尚德薨來赴，請襲爵。」徐葆光後來也說：「《明史》、《實錄》云：成化七年，尚圓遣使蔡璟等入貢，以父尚德薨來赴，請襲爵。

---

11. 《中山世譜》，頁 70–74。汪楫《中山沿革志》記：「尚德卒，尚圓自稱世子。《世纘圖》曰圓，伊平人。……圓為御鎖之側，即今所謂耳目官也。」

12. 《中山世譜》，頁 78–79。汪楫《中山沿革志》卷下〈尚圓〉條下記：「尚德多行不義，國人胥怨德，既卒，欲奉圓為王。圓曰：世子在，敦敢奸此位乎？國人遂共殺世子。」顯與《中山世譜》所記略有不同。

憲宗遣戶科都給事中丘弘為正使，行人司行人韓文為副使，齎儀物行慶弔禮，封世子尚圓為中山王。」[13] 可見金丸於取得政權後是以尚德王的「世子」身分請襲封的，當然他自己也以「尚」為姓了。

尚圓王在位七年，他死後的王位繼嗣情形，《明史》裡有如下的記載：

> （成化十四年）四月，王卒，世子尚真來告喪，乞嗣爵。
> （嘉靖）五年，尚真卒，其世子尚清以六年來貢，因報訃，使者還至海，溺死。九年遣他使來貢，並請封，命福建守臣勘報。十一年，世子以國中臣民狀來，上乃命給事中陳侃、行人高澄持節往封。[14]

依照上引《明史》所述，尚圓王死後，其子尚真即來請襲封，而尚真死後尚清再上表請封時，發生了一些問題，結果由琉球「國中臣民狀來」之後，明廷才派出陳侃等人去舉行冊封禮。《明史》雖是清初康雍時代修的，但內容多據琉球當時官方來書，因此個中詳情不夠深入，而且不盡正確。按照琉球史料與明清冊封使親身見聞所得，當時的真象應該是尚圓死後，「世

---

13. 《那霸市史》，〈資料篇〉，第 1 卷 3，頁 63、64、114 等處。《明史》，卷 323〈外國四〉確稱：「七年三月，世子尚圓來告父喪，命給事中丘弘、行人韓文封為王。」《明史》等書以琉球當時請封疏表為據，可見金丸隱瞞實情，謊冒為世子。

14. 《明史》，卷 323。

子尚真，年甚幼沖，群臣奉王弟尚宣威，即就大位」。後來因為諸神顯靈，宣威也覺得尚真「誠是命世之真主」，他「恐有戾於天」，在位六個月後，又「奉尚真為君」了。[15] 當然這是附會了一些神話色彩，應該不可信的。清代徐葆光則根據《中山世鑑》作了如下的敘述：「尚圓卒，世子尚真年十三，宣威攝國事，六閱月，國人樂附。後引尚真，掖就王位，己東向立，退隱於越來。」[16] 汪楫也說過：「尚宣威即王位，在位僅六月。」[17] 可見在尚圓與尚真二王之間，還有尚宣威登基為王半年的一段插曲，而又是「群臣奉王弟尚宣威」為王的，當時父傳子，特別是立嫡立長的制度顯然沒有建立。

　　至於尚真死後，尚清上疏請明廷襲封時，明代中央為何要福建官員勘報，其原因不得而知。汪楫在《中山沿革志》中說到：「禮部以襲封重典，命福建鎮巡官查報。」徐葆光也作了類似的敘述，也都沒有提到真正原因。[18] 只有當時擔任冊封使的陳侃透露了一些消息，他說：

> 嘉靖丙戌冬，琉球國中山王尚真薨。越戊子，世子尚清表請襲封；下禮部議。禮部恐其以奚齊奪申生也，又恐其以牛易馬也，令琉球長史司復覈其實，戒毋誑。越辛卯，長史蔡瀚等覈諸與民達於勳戚，同然一辭；僉曰：尚清乃先王真之冢

15.《中山世譜》，頁 83。

16.徐葆光，《中山傳信錄》，頁 115。

17.汪楫，《中山沿革志》，頁 65。

18.汪楫，《中山沿革志》，頁 66、116。

　　嗣，立為世子有年。昔先王辱徼福先天朝，願終惠於義嗣
　　者。具文申部，宗伯躓之。越壬辰春，禮部肇上其議，請差
　　二使往封。**[19]**

　　據此可知：當時明朝禮部官員懷疑尚清的身分，是不是真
正的世子，或是由別系人篡奪的。我們知道：明代與琉球的封
貢關係，可以溯源於中國古代周朝的封建制度。**[20]** 周朝初年宗
法關係與政治上分封、世襲制相結合，發展成為完備的國家政
治制度。這是以嫡庶關係區別為大宗與小宗，從而確立各級貴
族子孫世襲封土爵位的制度。後來中國各皇朝也以此為基礎，
用以實施在對邊疆或海外臣服中國的民族與國家關係上。中國
是大宗，是最高的家長，被分封的是小宗，而小宗的世襲封土
爵位等等，也是以嫡長為準的，所以世子才是合法的承襲人選，
庶出或異姓族人按理是不得受封的。明朝的禮部對尚清身分的
懷疑自有原因，因為尚清確實不是尚真的嫡長子。據琉球史料
所載，尚真有七男一女，長子叫尚維衡，尚清第五子。**[21]** 尚維
衡未能繼承王位的原因琉球王家譜牒裡略有提及，明清冊封使
的紀錄文字中則不見記述，所幸古琉球的典籍裡給了我們一些
答案，在一件家族譜牒中記著：

　　王長子尚維衡公曾為吳起良婿夫，一日，維衡獲罪於父王，

19.陳侃，《使琉球錄》，頁 2。

20.請參看拙作〈明清中琉封貢關係源流略考〉。

21.《中山世譜》，頁 84、93。

被遷逐放，而隱居浦添城。當是時也，其城郭燬壞，宮殿荒蕪，瓦廢垣頹，鞠為曠野，由是起良獻其室屋，助造宮殿，奉安維衡公。**22**

　　顯然這位「王妃尚氏所生」的長子尚維衡是「獲罪父王」而被罷黜的。陳侃所謂的「以奚齊奪申生」與「以牛易馬」之事，可能是當時禮部聽到了若干傳聞的緣故。不過，最後在琉球國人一致保證下，明廷也只有派專使到琉球冊封了。尚清在位二十九年，到明嘉靖三十四年 (1555) 逝世，尚清病危時曾召法司等大臣毛龍吟、和為美、葛可昌等到寢宮，遺命世子尚元繼位。尚清死後，和為美與葛可昌竟「心志變易，謂群僚曰：世子尚元，為人柔弱。惟尚鑑心，宜承國統，以就大位」。毛龍吟得悉此事，「大怒曰：尚元乃正妃之所生，邦家之冢嗣也。我聞立長紹世，天倫之大順，古今之常道……豈可妄棄遺命，而廢天倫耶？」由於毛龍吟以「邦家之冢嗣」為由，堅持尚清遺命，尚元才得繼承王位。後來「法司和為美、葛可昌，有罪被流」於久米島與伊比屋，相信必與這次繼承鬥爭有關。**23** 這一

---

22. 《球陽》，卷 3〈吳起良捐助室屋于尚維衡〉條（《沖繩文化史料集成》，5，東京：昭和四十九年）。另《向氏家譜》（小祿家）記尚維衡事有：「正德三年戊辰立為世子，然有事故而竄居部外浦添城。」及「嘉靖十九年庚子十一月十一日卒，壽四十七。……尚清王不堪追慕之情，故以先王之葬禮遷靈骨於王陵。」（《那霸市史》，〈首里系〉家譜 201。）

23. 《中山世譜》，頁 98、100 等處。

事件，可以反映直到尚清之世，琉球王位繼承尚無一定制度，而權臣擁立的現象仍在發生。尚清繼嗣的合法性剛被明朝禮部調查不久，毛龍吟的堅持可能是由此而起的，然而，這一轉變卻決定了琉球王位繼承從此有了實行嫡長襲位的傾向了。

　　尚元王有子三人，長子尚康伯與三子尚久，是夫人所生，而次子尚永，則出自王妃，以倫次論，他是嫡而居長的，所以在明穆宗隆慶六年 (1572) 尚元王去世後，尚永以世子成為新的琉球國王。尚永在位十六年，去世時年僅三十，他生女二人，無子嗣。長女名蘭叢，嫁給從兄弟尚寧，尚寧的母親又是尚永王之妹，此一婚姻可謂親上加親，尚永王既無子，因而死時便以姪子兼女婿的尚寧繼位了。當然尚寧的得位可能還有另外的原因，他系出尚維衡一族，尚維衡為尚真王長子，被罷後顯然得到不少國人同情。尚維衡生尚弘業，尚弘業生尚懿，尚懿生尚寧，在血統上與宗法上他們仍是有資格的人選。[24] 不過，尚寧是一位苦命的國王，他在位時曾被日本薩摩藩拘禁了兩年，使琉球淪為兩屬中、日的國家。明朝又改變他們的貢期為十年一次，嚴重的影響了琉球的財政經濟。更不幸的是他也沒有子嗣，他死後王統又回到尚清、尚元一系的家中，由尚永王三弟尚久的兒子尚豐繼位。尚寧與尚豐是兄弟一輩，因此這一代琉球王位繼承是兄終弟及，不是父子相承。儘管《中山世譜》一書中記「尚豐王，父尚寧」，尚豐在登位後上疏明朝時也說：「痛我父王先君，棄群臣以長逝。捐孤子而不歸……。」[25] 一

24.《中山世譜》，頁 99–112。

類的話，都是假冒的官樣文章，不是親屬稱謂的陳述。

　　尚豐於明熹宗天啟元年 (1621) 即位，至崇禎十三年 (1640) 逝世，執政二十年。他生有四男四女，第三子尚賢於崇禎十四年 (1641) 繼立，尚賢死於清世祖順治四年 (1647)，因無子嗣，在他「升遐之日，弟尚質，奉遺命，為世子」。**26** 尚寧傳尚豐與尚賢傳尚質，都不是父子嫡長相承，主要原因當然是他們都沒有子嗣繼承，而當時東亞動亂頻仍，不但琉球多難，中國也值明清易代的變局，琉球需要長君，作此權宜，似無不可。即使就古老中國封建制度言，琉球王位如此傳承，也並非完全不合體制。

　　尚質王是在中國清朝順治五年 (1648) 即位的，他在位二十一年，於康熙七年 (1668) 辭世。在他任內，琉球與中國的交往邁入了新紀元，不但彼此間的封貢關係得以成功的延續，同時在封貢關係的內涵上又有了良好的互動。如琉球王在貢品中加添外貢；清朝則准許耳目官隨貢使一同入京，並在入貢時由皇帝降敕獎諭等等，這些都是表示雙方誠意而能增進邦誼的。**27** 尚質王又派人到福建學曆法、地理以及製糖、製漆器之法，並始定三年之喪、命大臣修《中山世鑑》以明王室昭穆親疏關係，表示有心學習與推行中華文化。**28** 尚質王有子七人，其中尚貞、

---

25. 琉球《歷代寶案》，卷 18，頁 586。同書卷 5，頁 179 中又有尚豐奏表一件，文中有「予小子臣尚豐嫡長承祧」字樣。

26. 《中山世譜》，頁 113–116。

27. 《中山世譜》，頁 117–121。

28. 《球陽》，卷 6，第 319、221、349、388、393 等條。

尚弘毅、尚弘仁為王妃所生，尚貞嫡而居長，因此尚質死後由
尚貞繼位是完全符合中國傳統定制的，也是封貢制度中一項重
要規章的實踐。尚貞享國較久，前後歷時四十一年（清康熙八至
四十八年，1669 至 1709），其間他拒絕耿精忠的號召聯合反清，這
件事最令清廷深感琉球是忠誠友邦，琉球史書中說：「後增船免
稅，並加賞緞等事，皆以有此功故也。」❷❾事實上，清朝給予
琉球的優待還不僅於此，康熙皇帝後來又同意琉球增接貢船、
用內庫賞緞、免除部分貢品、賜御書字匾、優待琉球留學生、
增入貢人數至二百、免貨物交易稅等等，在在都能說明康熙帝
對琉球的友好心意。尚貞王也在如此和諧的邦交中，進一步的
接受了中華文化，他穿華服拜謁家廟，准建孔子聖廟並舉行春
秋祭禮、賜姓群臣、命修家譜、修纂漢字《中山世譜》、頒印中
國曆書等等，使琉球深一層的華化。❸⓿

　　中華文化在琉球的日益加深，對王位繼承制度的依中華文
化而確立也有一定性的作用，在尚質、尚貞二王以後，琉王繼
承幾乎都是依照封貢原則進行的，只有極少的例外，現在我們
首先將尚貞以後的琉球國王列一簡圖如下：

　　……尚貞──尚純──尚益──尚敬──尚穆──尚
　　哲──尚溫──尚成──尚灝──尚育──尚泰──尚
　　典

　　其次，我們再畫一簡表以說明各王的生卒年、繼位以及他

29.《中山世譜》，頁 123。

30.《球陽》，卷 7，第 429、453、469、551、563、607 等條。

們的子嗣方面的有關情形：

國王	生年	即位時間	卒年	享壽	王子人數與名字
尚貞	順治二年(1645)	康熙八年(1669)	康熙四十八年(1709)	65	四人(純、經、綱、紀)
尚純	順治十七年(1660)	以世子薨，未及即位	康熙四十五年(1706)	47	三人(益、監、盛)
尚益	康熙十七年(1678)	康熙四十九年(1710)	康熙五十一年(1712)	35	二人(敬、徹)
尚敬	康熙三十九年(1700)	康熙五十二年(1713)	乾隆十六年(1751)	52	二人(穆、和)
尚穆	乾隆四年(1739)	乾隆十七年(1752)	乾隆五十九年(1794)	56	五人(哲、圖、周、容、恪)
尚哲	乾隆二十四年(1759)	以世子薨，未及即位	乾隆五十三年(1788)	30	四人(法、溫、洽、灝)
尚溫	乾隆四十九年(1784)	乾隆六十年(1795)	嘉慶七年(1802)	19	一人(成)
尚成	嘉慶五年(1800)	嘉慶八年(1803)	嘉慶八年(1803)	4	無子嗣
尚灝	乾隆五十二年(1787)	嘉慶九年(1804)	道光十四年(1834)	48	九人(育、膺、惇、怡、健、謙、慎、腆、修)
尚育	嘉慶十八年(1813)	道光十五年(1835)	道光二十七年(1847)	35	三人(濬、泰、弼)
尚泰	道光二十三年(1843)	道光二十八年(1848)	(尚泰在位時，日本滅琉球，改為沖繩縣)		

　　從上面的兩件圖表當中，相信可以看出入清以來琉球國王的傳承與國王們的生平大概了。為了深入了解琉球王室當日繼

嗣制度，以下再作幾點補充說明：

㈠從尚貞到尚泰，也就是自清初至清末的兩百年間，琉球
王位的繼承都是和平順利的，也大多是父子相承的，其中尚純、
尚溫與尚灝雖是例外；但也有他們足夠繼承的理由，符合封貢
制度的法則。

㈡兩百年中，琉球王繼承可以說徹底實行了嫡長傳承制，
尚貞、尚純、尚益、尚敬、尚穆、尚哲、尚成、尚泰，個個都
是王妃所生的嫡長子，不是「夫人」或「妻」所出。尚純、尚
哲因先於其父尚貞與尚穆早死，「以世子薨」，故未能即位；**31**
但是他們的父王並沒有另立其他兒子為繼承人，而仍堅持以「世
孫」尚益與尚溫繼立為王，正如明太祖的嫡長子朱標早死之後，
朱元璋堅持立嫡立長原則以明惠帝繼承的情形一樣，貫徹大宗
領有天下的理想。另外，即使到琉球亡國前夕，尚泰王仍以妃
所生子尚典為嗣君，不廢傳統舊制。

㈢尚溫、尚育、尚泰三王，嚴格的說，他們的嫡長身分似
乎有些問題，因為尚溫有長兄尚法，也是王妃所生；尚育之弟
尚膺是王妃所生，他自己則是夫人所生；尚泰也有長兄尚濬是
王妃之子，他是嫡出的次男，**32**從表面上看他們的長兄應是合
法繼承人；不過尚法、尚膺、尚濬都在很小時夭亡了，嫡出的
次男當然是合法繼承者。至於尚育雖是夫人所生，但王妃只生
尚膺一人，而其他兄弟惇、怡、健、謙、慎、��、修都是尚灝

---

31. 《中山世譜》，頁 128、130、132、146、174、192、194、235、254 等。
32. 《中山世譜》，頁 174、195、253 等。

之妻所生，**33** 可謂庶出，也就沒有資格與尚育相比了。

　　㈣在尚貞以後的歷代琉球國王當中，尚灝的繼承似乎最具爭議性，因為他是以尚成的叔父身分相承的。事實上，他的繼承也不能算非法，連清朝中央政府也承認了他國王的地位。主要的原因是尚成即位於清嘉慶四年 (1799)，當時才四歲，而不到一年他就逝世，《中山世譜》中記：「大臣僉奏奉尚哲王第四子尚灝而就大位。」**34** 尚成四歲死亡，當然無子嗣，而尚成又是尚溫的獨生子，因此王室直系一支已無繼承人選了。尚成祖父共生四子，分別是尚法、尚溫、尚洽、尚灝，其中尚法、尚洽均早夭，因此在他父親尚溫死後，只有尚灝一位叔父存在。尚灝後來雖有子九人，但在尚成逝世的嘉慶八年 (1803) 時，還沒有一位王子出生，即連他的這位僅存的叔父當時也才只有十五、六歲，因此尚灝是當時唯一的王位繼承人選。他後來給清朝上表時說：「茲宗親國戚，朝野士庶，相率強勸，以為王位不可久虛，生靈不可無主，以灝是王親弟、世子叔，宜承國統，陳詞再三……。」**35** 應是當時的實情。按琉球史料所記：尚育、尚膺均生於嘉慶十八年，而尚膺於同年即夭亡。**36** 尚灝嗣位，無人反對，原因可能亦在於此。

　　綜合以上所述，我們對琉球王國王位繼承之事，似乎可以

---

33. 《中山世譜》，頁 195–196。

34. 《中山世譜》，頁 192。

35. 琉球《歷代寶案》，第 2 集，98 卷，頁 4741。

36. 《中山世譜》，頁 195、235。

得到一些簡要的結論，現在開列如後：

第一，琉球王國建立的時期可能上溯到很久遠，但王位傳承顯然到近世才有規範可循。尤其在古代，一切制度未備，部族相爭之時，必然只是惟力是視，領袖人物都出自於神化英雄，甚至有王權天授之說，這也是世界各國古代歷史上共通的現象。琉球從天孫氏的傳位於子孫一萬七千多年，到察度為天女所生等荒誕不經傳說，正也反映著初民社會人類心態與傳說歷史事象，不足為奇，但是不能盡信。

第二，琉球學者日後因受中國文化影響，吸取了中國史學的精神與書法，他們對琉球古史的記述，也以禪讓為美談，以女主為不祥，以不義者必失國，以有德者為賢君，這些史事在天孫氏、利勇、尊敦、義本王、英祖、西威王等古代名人身上充分得到顯現，我個人以為：這些人物的事功以及他們所處時代的若干史事，也是不足憑信的。

第三，琉球古史中一再強調群臣擁立某些人的故事，如尊敦、英祖、察度、思紹、金丸、尚宣威王等，都是在「群臣皆勸」或「群臣擁戴」情形下就大位的。直到明末琉球尚元王即位時，仍有權臣想廢世子，另立尚鑑心的事。可見當時琉球王位繼承制度尚未完全確立，主張世襲與世選的勢力互有消長。尚元王時代距離明初中琉建立封貢已近兩百年，嫡長繼承制顯然在琉球王家未能嚴格遵行，這也足以說明琉球人當時尚未能接受這一中華古禮。

第四，叔父攝政與兄終弟及是琉球古史上的一大特徵，在

思紹與尚圓早期族系中尤其顯著。如尚思達王之後由叔父尚金福為王；尚泰久繼其兄執政；尚圓王與尚真之間又有尚宣威王即位；尚寧傳尚豐，尚賢傳尚質等等，也是兄終弟及的例證，這些王位繼承的現象，不但表示了琉球王室貴族間的相殘鬥爭，同時也說明了琉球王室婚姻制度上的缺陷，經常有世子幼沖或夭亡的事，正是近親通婚不重優生的結果。

　　第五，尚清時代，明朝中央重視琉王繼承的倫次，「禮部以襲封重典，命福建鎮巡官查報」。這次「勘查」對琉球王室無異是一大警訊，也為日後請封應有「通國結印及世子特具表文」確立了典例。[37] 只是琉球自尚永王以後發生了無嗣可繼與國家多難的不幸，明朝又遭逢了國內流民與邊胞反叛中央的危機，無心也無力關注中琉封貢的關係，任聽琉球多次不按中國古禮古制來繼承王位。

　　第六，中琉封貢關係自清初延續以後，中華文化加速傳布到琉球，從琉王在清順治、康熙年間不斷下令修《中山世鑑》、《中山世譜》、定三年之喪、民人喪服、禁弔喪人進酒宴、定王室拜謁家廟例、定王子弟朝儀、建孔子聖廟、置五經訓詁師、置御系圖（譜牒）官、賜姓群臣、禁娼子入家譜等等事件看來，琉球國王確是在建立禮制、辨別尊卑、強調宗法、重視血統等方面大力推動改革，接受華化。[38] 當然王位在嫡長世襲原則下也進一步的被認同確立與加強實行了。

---

37. 琉球《歷代寶案》，卷 5，頁 179。

38. 《球陽》，第 319、325、365、429、433、485、551、563 等條。

　　總之，琉球國自察度王與明朝建立封貢關係之後，中國宗法與繼承古制必然傳到了琉球，加以閩人三十六姓移民那霸，更會影響到琉球政權轉移的方式，嫡長傳承制理應通行。然而琉球原有他們約定俗成的傳統，一時不易完全仿行中國制度，而守舊勢力又戀位貪權，王室則常見沖主與絕嗣，因而王位繼承的鬥爭不斷，世襲與世選制交雜實行。直到清朝初年，由於中琉關係和諧，使臣來往頻繁，留學生又不絕於途，中華文化乃深一層的傳布到琉球，琉王也因而在國家體制上多有興革，由於對中國的宗法倫理特加重視，從此在王位繼承制度上琉王認真講求了，力行中華古禮古制，以嫡長為傳承準則，以致到清朝末葉，未再發生繼承鬥爭，都是在有法規的和平安定情形下進行政權交替的。

　　本文曾在第八回琉中歷史關係國際學術會議上發表（那霸市，2000 年 11 月 2–6 日）

柒、

談清代成書的幾種琉球方志

一、小　引

　　方志是中國優良文化產物之一，歷史不但悠久，成書的數量也極為可觀，同時因其內容特殊，在隋唐以降也成了政府輔治的專書，及至宋元，由於方志又具有了淑世教、美風俗的功能，在發揚儒家倫理與安定社會等方面更作過不少貢獻，因此亞洲鄰邦無不倣效，大家都採用中國方志的內容與體例，製成了大量的地方性或全國性的地邑志書，韓國、日本、越南等國至今仍存藏著不少的方志作品，原因即在於此。❶然而早年同在東亞文化圈內的琉球，卻是一個例外，他們的本土作者幾乎在這方面毫無表現，只有中日兩國的專家學者在我國清代期間為他們編寫了幾部方志，算是彌補了這一缺陷。不過當年中日作家寫琉球方志的用心不同，修書的旨趣各異，所得的成果當然就不一樣了。我們研究琉球歷史文化的人，不能不知道這方面的事，這是本文寫作的目的。現在我就按中、日、琉三國的次序，將清代時期成書的幾種琉球方志簡略的評介如下。

二、周煌的《琉球國志略》

　　琉球王國的歷史可能上溯到很遠古，但是他們「俗無文

---

1. 請參看金田培，《朝鮮王朝的邑誌研究》（《文化財》，第 9 號，頁 24，1975 年，漢城）；《日本地方史誌目錄索引》（大東文化大學東洋研究所編，1969 年，東京）；以及村上直等監修，《日本史資料總覽》〈國別地誌篇〉（1986 年，東京）。

字」，文化程度一直不很高，直到明朝初年，由於與中國建立了
封貢關係，漢人的衣冠文物才陸續傳入琉球，加上漢人移民的
遷入，這才使琉球正式成為當年中國文化圈內的一成員。儘管
日後久米族裔與琉球王室中出現過不少詩文名家，但是記述琉
球一地風土、物產、人事的專書卻不多見。明朝的陳侃當冊封
使到琉球時，深感中國《隋書》中記載琉球的史地風習各事多
為耳食之文，不可盡信，他在回國後寫成了《使琉球錄》一書，
時人稱讚他的著作是「親歷其地，目擊其事，山川風俗之殊，
往來見聞，悉出實錄」**❷**（日後使琉的人多仿其例，寫過不少
種出使紀錄），一時視為善本。陳侃的書顯然極負盛名而且歷久
不衰，然而這種出使記並不能被視為琉球的方志專書，清朝的
周煌就作過如下的評語：

> 錄係使臣一人之事，而志則關一國故實所存。**❸**

他並且將清乾隆以前出使琉球的使臣們的著述作了一番簡介，
他說：

> 使之有錄，自明陳侃始。侃直曰《使錄》。郭汝霖、蕭崇業
> 皆曰《使錄》，俱止一篇。謝杰《使事補遺》，始分八款，曰
> 原委、使禮、冊封、用人、啟行、敬神、國俗、禦倭。外集

2. 陳侃，《使琉球錄》，卷末頁 15 附，《明禮部題本》（商務印書館影印，
　 國立北平圖書館善本叢書，第 1 集 12 種，1937 年，上海）。
3. 周煌，《琉球國志略》，卷首，〈凡例〉，頁 3 下（臺北故宮博物院珍藏
　 殿本，彭元琮校）。

有《日東交市記》，又瑣言二條，曰事權、曰恤役。至夏子
陽《使錄》，則海圖之外，亦列八款，曰題奏、使事、禮儀、
造舟、用人、敬神、質異、使務。國朝（按指清朝）張學禮
則《紀略》、《雜錄》，各自成卷。汪楫則《疏抄》外，《中山
沿革志》為二卷，《雜錄》五卷，曰使事、疆域、俗尚、物
產、神異。至徐葆光《中山傳信錄》，較為賅備，然條類繁
多，不相統系。**4**

從周煌上述的文字中，我們可以了解明清兩朝出使琉球的使臣，
從陳侃到徐葆光，他們所作出使紀錄內容各異，多無系統，而
又不合中國傳統方志的體例，所以他決定為琉球寫一部合乎中
國標準的方志，這部純中國化的琉球方志，我們可以從他的《琉
球國志略》目錄中窺知梗概：

卷一：星野

卷二：國統

卷三：封貢

卷四上：輿地（建置、疆域、形勝、城池、砲臺附）

卷四下：風俗（形質、氣候、習尚、儀節、節令、服飾、舍
　　　　　宇附）

卷五：山川（國中山、屬島山、海、潮候、風信、針路附、
　　　　　水泉、橋梁）

卷六：府署（王府、世子府附、使館、學校）

4.周煌，《琉球國志略》，卷首，頁 2 上下。

卷七：祠廟（寺院附）

卷八：勝蹟

卷九：爵秩

卷十：賦役

卷十一：典禮

卷十二：兵刑

卷十三：人物（賢王、忠節、孝義、列女、文苑、方外）

卷十四：物產

卷十五：藝文

卷十六：志餘 **5**

據上可知，《琉球國志略》確是依循中國古圖經變體，也是明清官修方志的統一體例成書的，各卷「因事立目」，簡要明瞭，易於檢閱。周煌雖評論以前使臣們的著述不理想，但他的志略的內容與修纂宗旨，也有些值得注意與商榷的地方。例如：

第一，周煌以為此前使臣的使錄，包括汪楫的《中山沿革志》與徐葆光的《中山傳信錄》是記一人之事的，不是方志，他的這部書是「新志」。同時他又認為以往的使臣記事多無系統，又有「訛舛」，他訂正了前人的錯誤，參考了官私書檔，並以親身見聞，完成了這部書，因而全書「似較前錄稍詳」。**6** 然而事實上，日本學者源君美（一名新井白石）早在清朝康熙末

---

5. 周煌，《琉球國志略》，卷首，〈總目〉。

6. 周煌，《琉球國志略》，〈凡例〉，頁 3 上。

年就寫成了一部叫《南島志》的琉球地方專書了，**7** 周煌似乎
沒有看到（有關《南島志》一書，將在下面介紹），自認他的志
略是琉球的新志。至於他病前人諸書簡略一事，也有值得討論
之處，因為他不但沒有參考日本的多種史料，同時又將一些圖
繪如「島夷日用瑣屑如舊錄器玩之屬，概從略焉」，**8** 可見他重
視的是與「中華聲教」有關的事物，琉球本土和一些受日本影
響的日用瑣屑器玩都予以刪除了。這種刪除不錄固然是「愛國」
的作法，但就方志為「地方百科全書」應收錄地方各種資料言，
確是一種憾事。

　　第二，也許周煌在清乾隆年間使琉球時，已經深深體驗到
日本對琉球影響的可怕，他在寫此書時便先做了一番正名的功
夫，他說：

> 琉球國，於元延祐間，曾分為三，遂以中山自別於山南、山
> 北。前明洪武初，三王並封。至永樂中，尚巴志復合為一，
> 宜改稱矣，而相沿不察，且私謂中山能併山南北，有矜艷之
> 意，故仍其舊。大抵中山世號忠順，本不敢若倭人僭立元
> 和、寬永等名號，而但以琉球為國名，中山為王號而已。國
> 朝康熙元年，頒賜王印，印文止琉球國王之印六字，不稱中
> 山。今上以清篆告成，另鑄新印頒給，印文仍前。而先後使

---

7. 《新井白石全集》 第3，《南島志》（活字排印本，明治三十九年
　　[1906] 印行，今泉定介編輯校訂，出版地為日本東京）。

8. 周煌，《琉球國志略》，〈凡例〉，頁2上。

> 臣汪楫、徐葆光所錄，尚以中山冠其書名。何耶？臣愚以
> 為，詔書不沒其中山舊號者，詔必宣示令眾共聞，故俯從其
> 王與國人之意，而印則視內地諸道關防，祇應以琉球括之，
> 今臣所續纂務從其實，恪遵印文，惟稱《琉球國志略》
> 云。**❾**

周煌的措辭很婉轉，但也暗示了「倭人」的僭越，他以琉球為
稱，實在是為了說明琉球是中國屬邦的緣故。而源君美早已直
呼「南島」為琉球了，用心比周煌更是具有政治性。

　　第三，周煌寫這部志書的政治色彩可以在他制訂的〈凡例〉
中看出，他說他以中國各地正規志書體例修這部書是因為：

> 方今中外一統，琉球被化尤深且久，似宜從中國諸道郡縣之
> 例，故以志體擬錄，庶堅其向化惆忱。**❿**

周煌強調「琉球被化尤深且久」與「庶堅其向化惆忱」等語，
是否與《南島志》有關，抑或是因為他得到皇帝的寬免革職，
而表示其忠誠，不得而知，此事只有待將來有資料發現再作論
斷了。

　　周煌四川涪州人，乾隆二年 (1737) 進士，二十一年 (1756) 任
翰林院侍講官，同年授命與全魁擔任琉球冊封使臣，於六月初
十日放洋，翌年二月十三日返國，**⓫**在那霸等地勾留七個多月，

---

9. 周煌，《琉球國志略》，〈凡例〉，第 1 條，頁 1。

10. 周煌，《琉球國志略》，〈凡例〉，頁 3 下。

往返海上均遇颶風，險遭滅頂。返國後因隨行兵丁在琉球滋事，部議革職，高宗特從寬免。乾隆五十年 (1785) 病逝。⑫

三、源君美（新井白石）的《南島志》

源君美 (1657～1725) 是日本江戶中期的朱子學學者，也是當時的著名政治家。他又姓新井，字濟美，號白石，因此他的全部作品後來以《新井白石全集》聞名於世。⑬ 在他眾多的著作中，有一部叫《南島志》的，是以記述琉球王國史、地、風俗等事為主的方志書。該書脫稿於享保四年（清康熙五十八年，1719），是他晚年的作品。新井白石因為中國人撰寫的琉球書有不可盡信的地方，他考證了日本的史書，又訪問了琉球當時的名人，寫成了這部《南島志》，使「後之觀風詢俗，似有所考焉」。⑭ 然而新井的修書宗旨絕不是只為後人留下資料而已，他確是有著更深一層的目的。原來他以「南島」為書名，不稱「琉球」，認為琉球本是日本古史中所稱的「南倭」、「南島」，而日本的「南海諸島，於後總而稱之為南島是已」；又「南島」早在

11.《清代中琉關係檔案選編》，頁 45，全魁、周煌奏摺（徐藝圃、徐恭生、秦國經等編，北京：中華書局出版，1993 年）。

12.《清史列傳》，卷 29，頁 23（中華書局印行）。

13.請參看原善公道等編，《先哲叢談》，卷 5，頁 11（日本大阪群玉堂河內屋印行）及《新編日本史辭典》，頁 33（平成二年，1990 年，京大日本史辭典編纂會編，東京創元社發行）。

14.《南島志》，卷首，〈總論〉，頁 691。

元明天皇時期（約當我國唐中宗至玄宗時）「咸皆內附」於日本，[15]也就是南島諸國，包括琉球在內原是日本的屬邦，他的書以「南島」名之，顯見有主權歸屬的政治目的在。

新井白石不但在卷首〈總論〉中開宗明義的談到琉球與日本的遠久歷史關係，同時他幾乎在每一章節中經常提到琉球在文化、語言、經濟等方面與日本的淵源。例如在〈世系〉一目中他說：

> 琉球古南島也。……據國史（按指日本國史）南島朝貢者凡以十數。[16]

在〈官職〉一目中也說：

> 古時琉求諸島，地各有君長，……咸皆內附天朝（按指日本）……天平勝寶後（唐玄宗天寶八年至唐肅宗至德元年，749 至 756），史闕不詳。[17]

又在〈風俗〉一目下，他強調：

> （琉球）中世之俗，與此間（按指日本）同。近世之俗略與漢同。[18]

---

15. 《南島志》，卷首，〈總論〉，頁 690。
16. 《南島志》，卷首，〈總論〉，頁 697。
17. 《南島志》，卷首，〈總論〉，頁 704。
18. 《南島志》，卷首，〈總論〉，頁 709。

　　總之，新井白石的《南島志》中，無論在琉球的名稱，或是琉球的歷史、風俗等等方面，都在反映出琉球原是日本的屬邦，琉球與日本有著悠久的親密的政治與文化關係，他寫書的目的顯然並不單純。

　　另外，新井白石在書中引用中國史料時，有時也表現了他的政治上的考慮。例如在談論琉球風俗時，有一處他徵引了陳侃的《使琉球錄》中的文字，但他刪省了其中倭寇想要謀害中山王的部分，[19] 使得日琉關係史上的不快事件從此失載。又如他在述及琉球王世系時，曾經引用了《明史》的資料，他提到明嘉靖間「海寇」有逃入琉球而被琉球王擊敗並送歸海寇所掠之人返中國事，但是他說這些「海寇」都是中國人，而「明人號曰倭寇」，[20] 實在不符歷史的事實。

　　新井白石的《南島志》頗富政治色彩確是可非議的；然而他的這一著作卻也有一些值得一述的地方，例如：

　　㈠《南島志》分上、下兩卷，篇幅不多，但內容很有系統，全書分為十大門類：地理、世系、官職、宮室、冠服、禮刑、文藝、風俗、食貨、物產。顯而易見的他採用了傳統中國圖經的舊體，即「因事立目」原則。《大明一統志》對江戶時期日本方志學影響很大，相信新井白石也是受影響的作家之一。[21]

19.《南島志》，卷首，〈總論〉，頁 701。

20.《南島志》，卷首，〈總論〉，頁 702。

21.請參看拙作 〈略述日本古方志〉（《札齊斯欽先生八十壽慶學術論文集》，1995 年 3 月）。

㈡中國宋代以後的方志常在志書的門目之前加「小論」或「引論」的文字，在正文中又常寫些「按語」、「考語」，新井氏在《南島志》中也仿效了這種書法。

㈢《南島志》全以漢字寫作，又引用了很多中國資料，可以視為日本漢化的文化產物，也是中國方志學東傳日本的證物。

㈣《南島志》排印本中的錯字極多，可能是手民之誤，引用該書時應小心校正，以免致誤。[22]

四、大槻文彥的《琉球新誌》

清朝末年，中國國勢衰弱，尤其經鴉片戰爭、英法聯軍諸役之後，割地賠款，辱國喪權，國家地位一落千丈。日本則自明治維新前後，國力大增，為推行其大陸與南進政策，向中國及其屬邦進行侵略，琉球既已在明末兩屬中日，當然成為日本積極兼併的目標。清同治十年 (1871) 琉球人漂風至臺灣被殺，引起中日交涉，日本儼然以宗主國自居出兵臺灣。光緒元年 (1875) 日本政府正式禁止琉球對清朝進貢及一切往來，規定琉球改用日本年號，遵行日本法律。光緒五年 (1879) 更派「處分官」松田道之率兵往那霸，宣布廢琉球國而改為日本沖繩縣，從此琉球國亡。

日本學者在此一時代的大潮流下，也製作了方志以為呼應，希望在史料文獻以及人種語言等方面尋求證據。大槻文彥的《琉

22.請參看拙作《《南島志》簡介》（《第九屆中國域外漢籍國際學術會議論文》，1994 年 8 月 19 日，日本福岡）。

球新誌》就是一例。

　　大槻文彥的這部《琉球新誌》刊行於明治六年（清同治十二年，1873），全書兩卷，內文用日文寫作；但是卷首〈自序〉與〈目錄〉則均為漢文。〈目錄〉簡明扼要，為中國舊圖經的變體，分為：地誌、氣候、地質、物產、國名、史記、系統、封貢、國體、人種、政體、歲計、農工、文教、風俗等目，另附地圖，[23] 至於作者作這部新方志的動機，我們可以在他的〈自序〉中窺知：

> 琉球渺乎南洋一島國耳，雖并其大小數十嶼為一域，要不足以為獨立國，而從來為我皇國之附庸矣。朱明以還，脩聘於漢土，受其冊封，稱中山王；蓋其聘於彼，則奉彼正朔，朝於我，則用我年號，一邦兩屬，未知其為誰藩屏也，是以名分稱呼之際，往往有疑其當否者焉，余請舉十證以辨之。夫琉球之為國也，論地勢，則自是我九州山脈之起伏綿垣，而迤走於南海中者，一覽地圖，則瞭然可辨耳，是其證一也。論開闢，則上古天祖神孫，闢西南諸島者，既已深入其區域，考古史而可知也，其證二也。論人種，則邦人與支那無來諸國，異其種者，在鬚鬢之濃美，與鼻之高、頰之區，而琉人骨格容貌，宛然我種之人矣，其證三也。論言語，則每音單呼，無復平上去入，而日常說話，反有我古言之存者，

---

23. 《琉球新誌》，卷首〈目錄〉（大槻文彥著，明治六年 [1873] 新刊，煙雨樓藏版）。

其證四也。論文字，則雖一二長吏用漢文，至民間應酬事，
率皆用我國字，且觀其善和歌，可以知性情與我同矣，其證
五也。論政體，則雖倣彼立官號，然親雲上親方等名，皆我
之稱呼，而其立制亦用我世祿之法，其證六也。論保護，則
每其國治亂，我必送金穀、遣兵卒以濟之，彼則越人肥瘠，
恬不顧，其證七也。論歸化，則在推古天皇朝，南海諸島，
早已服我皇威矣，而彼則隋攻之不屈，胡元侵之不從，直至
朱明之時，始奉其正朔，是其所以服從，自有先後，其證八
矣。論征伐，則永萬中源為朝取之，慶長中島津家久服之，
彼則徒以一封書，苟能招諭焉耳，其證九矣。至論王統，則
所謂舜天，即我鎮西八郎之胤，而奕世綿綿，以至今日，此
其證之最確者矣，又況天朝既敕為藩國華族，授之一等之
官，則名稱位號，確然一定，無復所容疑而已矣。嗚呼今日
開明之隆，自千島樺太，以至沖繩諸島，南北萬里，環擁皇
國，悉入版圖中，而風化之所被，無有窮極，駸駸乎有雄視
宇內之勢矣，豈不亦愉快哉，適《琉球新誌》成，書以為
序。[24]

據此可知，此書作者強調琉球不是獨立國家，而從來就是日本
「皇國之附庸」，他並舉出地勢、開闢、人種、言語、文字、政
體、保護、歸化、征伐、王統等十項理由，證實琉球是日本的
屬邦，而且是「無復所容疑」的事，其作書目的充滿政治色彩

24.《琉球新誌》，卷首〈自序〉。

是不言可喻的。大槻文彥又在書中說：日本政府是因琉球入貢而特別擢升其地位，改制為「皇國府縣」的，這也是歪曲歷史史實的事。

五、伊地知貞馨的《沖繩志》

大槻文彥出版他的《琉球新誌》後四年，即明治十年（清光緒三年，1877），又有一位薩摩藩的官員學者伊地知貞馨（號恆庵），作成了一部《沖繩志》，伊地知氏作書的目的更具政治色彩，從書名改用「沖繩」二字可知。曾為《沖繩志》印行作校刊的重野安繹對此事就作過說明，他說：

> 《沖繩志》何以作，志琉球也，何不曰琉球，而曰沖繩，從土人所稱也；土人何稱沖繩，沖繩邦語也，本土之名也。琉球漢字也，漢人之所名也；沖繩自通漢土，受其封爵，服其衣冠，髻簪髭鬚，盡擬漢裝，而獨其稱國名。用邦語者何也，語言文字，同我邦俗，故國土之名稱，舉皆邦語也。觀乎國土名稱之用邦語，而其為我種類，為我版圖也審矣。世之說琉球曰，源為朝航海，而子孫始王，島津氏出師，而朝貢乃通，殊不知彼以天孫氏為開國祖，實為我皇孫，為朝特承其餘烈而已。南島朝貢，見于古昔簡策者，比比不絕，島津氏特舉其廢典而已，乃土人，則其惑亦甚矣，自以天孫序世系，而不問其種族同異，自以沖繩冒國名，而不察其語言所由，反欲與殊方異族之漢人昵比，抑又何心哉。試把此

書觀之，漢人之來通，果在何代，受彼封爵，服彼衣冠，果在何時乎。其未與彼通之前，所屬何國，所服何服，而語言文字之傳至今者，果類何國乎。語言文字與衣冠封爵，孰舊孰新焉，古雖無藩名，而其國藩屬也，古雖無族稱，而其王華冑也，則今之建為外藩，班為華族者，為復古乎為創制乎。嗚呼，本土之人讀此書，其內嚮歸本之心，得不油然生乎哉？而內地人讀之，其恫同類字藩屬之心，得不藹然興乎哉？名曰《沖繩志》者，不獨從其本稱，併以繫內外人之心云爾，此則恆庵氏著撰之本旨也夫。[25]

　　重野安繹的這篇〈後序〉主要在說明沖繩一詞是「邦語」，是「本土之名也」，「琉球」名稱則是漢字；琉球的語言文字原本與日本同俗，種族也是同一的，版圖也是屬於日本，書名當然應該以邦語「沖繩」名之了。然而琉球與日本同文同種的事，在日本琉球兩地知道的人還不多，連琉球開國祖為日本皇孫一事也不為人知，反以為薩摩藩才使琉球內附，「則其惑亦甚矣」。又說琉球朝貢日本極早，史籍中是斑斑可考的，因此伊地知貞馨的這部書可以令琉球人「內嚮歸本之心」，而日本本土人讀之，「其恫同類字藩屬之心，得不藹然興乎哉？」總之，這本書的政治教育功能是想「繫內外人之心」的。不管重野氏的解釋是不是符合史實，是不是在邏輯道理上周徧；但是在日本對琉

25.《沖繩志》，〈後序〉，頁 543-546（日本東京國書刊行會發行，1973年重印）。

球「處分」的當時，在「廢藩立縣」的前夕，這批「學者」確是為「輔治」而寫了這本書，為政治作了一次很有貢獻的服務。

　　事實上伊地知貞馨是一位道地的政治人物，他為薩摩藩主效力多年，而且專以兼併琉球為職志，曾經四次前往琉球，最後達成了封琉球王為藩主、派兵鎮守琉球等決定性的任務。岡千仞曾在《沖繩志》的〈序〉中對他作了如下的讚譽：

　　我邦西南徼有琉球，猶東北徼有蝦夷，皆所以藩蔽邊海。撫禦之方，不可不講也，而德川氏苟婾為治，舉蝦夷全島付蠣崎氏，舉南海諸島付島津氏；撫禦之方，漫付無問，彼狡焉思逞者，知我懈邊備如斯，安得無萌非望乎。往年俄羅斯使艦之來長崎，先載殖民至唐太，米利堅軍艦之入浦賀，又以琉球為舵泊之所，彼素知我懈邊備也。俄羅斯之於唐太，風馬牛不相及，而彼幸我不割定疆界，悍然略奪。況琉球鄰支那，又受其封拜，一島兩屬，名號不正，苟使彼有俄羅斯之遠略，豈不可寒心乎；而其免至今日者，蓋天幸也。今也聖朝新發大號，拜島主為藩王，又為之派守兵、實鎮臺，庶幾名分一定，備虞有方，可以絕彼覬覦也。薩摩伊地知恆庵，擢用其藩，致力王事有年，及大政一新，深以琉球名號不正為憂，航其地，諭島主以朝恩，後官外務省，專任島事，前後四航，遂濟封拜之盛典；而以南海地誌無成書，著《沖繩志》五卷，詳記其風土物產地理民俗，其用意亦切矣。往時水戶豐田天功，曾憂俄羅斯南侵，著《北島志》，今恆庵有

　　《沖繩志》之撰，其用意何異於天功；而天功之言，無效當
時，唐太長為佗有，恆庵□□封拜之盛典，能使琉球長為我
藩屏，其效於國家，又非天功之可比。後之繼恆庵，而任島
事者，就是書，而求恆庵之志，則必將有所大益焉。[26]

　　《沖繩志》一書的內容儘管到處強調日本與琉球的歷史關
係以及同種同文的事實，盡量淡化中琉親密友好史實，但是伊
地知貞馨作此書時仍然採用了傳統中國圖經的變體，分以下各
目述其內容：

　　　卷一：地理志（地理附圖、津港附圖、山川、城郭附圖、社
　　　　　　　寺、官林、戶口、石高租稅、地質、氣候、雜
　　　　　　　圖）
　　　卷二：官職志（官職、位階、冠服、秩祿）
　　　　　　貢獻志
　　　　　　物產志（物產、輸出入、物產圖）
　　　　　　政俗志（政教、文學、制度、褒賞、刑罰、儀式、風
　　　　　　　俗、言語、飲食、居宅、醫療、娼妓）
　　　卷三：事蹟志上（史傳）
　　　卷四：事蹟志中（史傳）
　　　卷五：事蹟志下（史傳、系譜、人物）
　　　附錄：那霸雜詠[27]

26.《沖繩志》，卷首，岡千仞〈序〉，頁5–9。

27.《沖繩誌》，卷首〈目錄〉。

　　其中〈附錄・那霸雜詠〉共十五首，皆七律詩，不同於全書的是內文用日本文字，這些詩是以漢字寫成的；詩句雖盡非佳作，但很寫實，為當時琉球地方實狀留下了一些珍貴資料。以下數首，值得一讀：

(一)

瓦屋彫楹官吏居，竹扉荊戶野人廬，聖朝新發敷恩使，藩主應裁奉詔書；公事多閒耽翰墨，夜談有約摘秋蔬，懷柔更待十年久，要使仁風蒙里閭。

(二)

火霧籠林晝掩門，出游日日待黃昏，羊腸忽轉郊村路，鴃舌難通兒女言；污水縈迴連市井，怪巖巉崿壓田園，腥風一陣拂顏去，榕樹陰中屠老豚。(原註：榕訓賀須麻留，虯蜷屈蟠，一木陰數畝)

(三)

眼中風物異東州，正是蜻蛉洲盡頭，全島人家三千戶，各村蕉樹幾千疇 (原註：農家每戶植芭蕉，以製蕉布)；鳶鴉無影中山地，鴻雁不賓南海秋 (原註：琉球地，鳶鴉不棲，鴻雁不來)，一望宛為倉庫看，墳塋纍纍滿郊邱 (原註：墳墓異製，一家有一墳塋，士族方十二間，平民方六間為制，疊石造之，藏骨其內)。

(四)

暴風捲海怒濤奔，瘴氣橫空日色昏，新社郵船來泊港 (原註：明治七年來，那便會社蒸氣舶一隻，隔月往來那瀟港)，前明遺族

別成村（原註：洪武永樂二次，明主與閩人各十八姓於琉球，其子孫蔓延為千餘家，鄰那霸為一村落，即久米村是也）。桄榔椰子連沙徑，龍眼荔支傍石垣（原註：家家疊石為垣），良節佳辰追舊俗，詩聯均貼各家門（原註：家家門柱，書詩聯於朱紙貼之，每逢祝日必新之）。

（五）

高低迂路傍迴塘，十里蔗田夕日蒼，山勢蜿蜒臨海立，溪流屈曲匯村長；冬耕夏耨農民苦，朝販暮沽商賈忙，獨怪士人無一事，悠悠杯酒送年光（原註：農民男女勉耕作，士商有男逸女勞之弊，而士族之男無常務，多飲酒歌舞消歲月）。

（六）

單身揹杖水之涯，幾度塞衣渡碧漪，露滴桂蘭花綻樹（原註：桂蘭，木名，花似桂而小），風斜龍眼顆垂枝；閩藩習俗今初熟，各地煙嵐未盡知，蟲意鳥情收實況，欲追坡老嶺南詩。[28]

　　讀了伊地知貞馨的這些漢詩，我們除了欽佩他的漢學修養高深之外，也從他的詩中看出一些琉球當時風土實情以及他對日本統治琉球的若干看法。例如：一、中國文化對琉球的影響仍然很深，久米村的華裔在年節喜慶日張貼詩聯，「墳墓異製」也是中國厚葬的舊俗，這些是不同於日本傳統的。二、「鴃舌難通兒女言」一句，證實當時琉球原住民的土語還很流行，絕非

28.《沖繩志》,〈附錄〉,頁 533–540。

一般日本學者所謂的當地語言源於日本，或是「日常說話，反有我古言之存者」。三、伊地知氏本人對於琉球的認識顯然還不太深入，所以他在「闔藩習俗今初熟」的時候，想到更進一步的效法蘇東坡當年對中國嶺南地區求得更多的了解了。四、對於日本的統治琉球，他似乎感覺當地的士族游惰之風極盛，大家「悠悠杯酒送年光」，實在不好，應以善政誘之導之，而治琉之策以「懷柔」的仁政為佳，至少十年才會收到效果。這些都是詩人的敏銳感覺所及，也反映了日治琉球初期的實情。

六、鄭秉哲等的《琉球國舊記》

有清一代，中、日兩國的學者與官員們所撰述的重要琉球方志已經在前面文中略述了。琉球本身有沒有修纂過他們自己的地方志書呢？我們在眾多的琉球史料中，發現了一部具有方志形式的《琉球國舊記》，內容相當豐富，行文也很流暢，應該在此作一介紹。

琉球人自己為他們王國所作的地方志書，可能以清康熙癸巳年（五十二）(1713) 的《琉球國由來記》為最早，這部《由來記》原先是日文寫成的，雍正年間，琉球國王又命令大臣以《琉球國由來記》為藍本用漢字重修地志，因而完成了《琉球國舊記》。當時負責纂修工作的是都通事官鄭秉哲，他曾對此事作了如下的說明：

> 凡書有以多為富，以簡為明，亦有刪定之而欲詳，參考之而

欲精。若夫群書，雖名士所著，而歷乎諸家之手，遂以為全
書。然而非前人之書，猶有未善，惟有集諸家之長，而得以
觀其盛者也。況我琉球國，原無紀籍，前代事故，頗致湮
沒。康熙癸巳之冬，按司向維屏等，奉王命，用番字，著
《由來記》，若山川舊跡，佛神寺社，五穀蔬菜，諸禮風俗，
器用食物者，徵其原由，燦然備矣。而其所編輯者，多載漢
和之事，或以繁冗，而不適乎用；或以糠粃，而不足乎傳。
欣遇聖主，仁政愈施，勤求上理，萬機之暇，念及前事，特
命臣秉哲，改修《由來記》。而經年已久，莫從稽詳，爰博
採典籍，以為刪定，旁訪遺老，以為參考，校正舛誤，補集
缺少，以為全書，名之曰《舊記》，但期于言簡而意愈明，
事多而義愈精耳。[29]

以上鄭秉哲的這篇報告署明時間為雍正九年 (1731) 十一月，由
此可知《琉球國舊記》一書的脫稿必早於此時，或在同年。

　　《由來記》、《舊記》、《風土記》一類的著作在日本有很久
的歷史，早在我國唐代就有人著述這一類的地方專書了。江戶
時期的日本學者談到這件事的人很多，如西峰散人說：

余每覽史籍，觀之前載元明天皇六年（按指和銅六年，713）
夏五月甲子，詔天下畿內七道諸國郡鄉……，其郡內物產、

---

29. 《琉球國舊記》，卷首，鄭秉哲〈呈文〉，頁 4（見《琉球史料叢書》，
第 3 卷，鳳文書館印，東恩納寬惇、橫山重、伊波普猷等編，1988 年
再版本，東京）。

銀銅、彩色、草木、禽獸、蟲魚等物，具錄色目，及土地沃
墝，國郡山川、原野名號之所由來，又古老相傳舊聞異事，
載於竹帛言上，所謂風土記是也。爰逮聖武天皇神龜、天平
間（按指 724～749 年間）有補益。醍醐天皇延長三年（指
為 899 年）十二月，敕問風土記事，緝熙賡續，於是風土記
盈數百卷，可謂備矣。㉚

又如奧田士亨氏說：

風土之有記邈焉，保平以降，兵燹遍邦畿，典籍散逸，稽古
之士憾焉。㉛

他如箕浦世亮氏也曾說：

昔在我大東，每州有風土之記，其記地理、民俗及各土所產
也。西華則禹貢、職方，維其尚矣。……自我中葉，皇綱解
紐，亂離相繼，前古所傳方策，散失不全者頗多，若彼風土
記，亦存於今者無幾，而其僅存，亦非百方經營焉，則不可
得而見也。㉜

30.石橋直之，《泉州志》，卷首，西峰散人元祿庚辰（十三年，1700）
　　〈序〉（是書目前日本國會、內閣、東大、京大均有藏本）。
31.藤堂元甫，《三國地志》，卷首，奧田士亨寶曆癸未（十三年，1763）
　　〈跋〉（《三國地志》共 112 卷，目前日本國會、內閣、京大等圖書館
　　均有藏本）。
32.《因幡志》，卷首，箕浦世亮〈序〉（〈序〉作於 1795 年，該志現存日

　　根據以上的說法，我們不難了解，日本早年因受中國地志文化影響也有風土記等書的著作，後因戰亂而燬損殆盡。江戶時期因為社會安定，各地交通增繁，文化事業日興，加上朱子學的盛行，地志又成了當時的顯學之一。從現存的當時風土記諸書內容可知，書中確以山川、古蹟、神佛、寺社、諸禮風俗的記述為主，大多是供旅人參考之資的。在清初順治、康熙年間，日本各地成書的舊記、風土記為數很多，如《會津風土記》、《磐城風土記》、《松島風土記》、《佐倉風土記》、《美作風土記》、《仙台封內風土記》等等，以及《大館舊記》、《豫州松山舊記》、《加越舊記》、《越中舊事記》、《丹後舊事記》³³ 等等，琉球國的《由來記》與《舊記》相信也是在此一大潮流下修纂成書的。

　　現存的《琉球國舊記》正卷九卷、附卷十一卷，每卷又有若干分目，極為繁瑣，現在先記其總目如下：

正卷

卷一：首里、泊、那霸、唐榮　　卷二：官職、廢官、知行

卷三：公事　　　　　　　　　　卷四：事始

卷五：古城、關梁　　　　　　　卷六：島尻、中頭、國頭

卷七：寺社　　　　　　　　　　卷八：久米島、馬齒山、

卷九：宮古山、八重山　　　　　　　　葉壁山

本國會、內閣、東大、京大等圖書館）。

33.請參看拙作〈略述日本古方志〉。

　　附卷

卷一：神殿　　　　　　　卷二：神軒

卷三：嶽、森、威部　　　卷四：泉井

卷五：江港　　　　　　　卷六：官職

卷七：官爵　　　　　　　卷八：火神

卷九：鐘銘　　　　　　　卷十：郡邑、郡邑長、驛

卷十一：風俗 **34**

　　至於每卷的分目，如正卷的〈官職〉部有子目八十七條，〈公事〉部也有子目八十七條；即以與我國福建人後裔最有關的〈唐榮記〉部分來說，子目不算太多，但也有：唐榮由來、下天妃廟、上天妃廟、龍王殿、天尊廟、天使館、迎恩亭、內金宮森、唐間森、普門寺、至聖廟、關帝王廟、啟聖祠等十多項。**35** 綜觀《琉球國舊記》一書內容，記事以地方掌故、地理、年中行事風俗、山川、城郭、陂橋、職官等為主，目次也是「因事立目」的圖經體，取材有採街談巷議傳聞的，比起兼記史地、講求考據、內涵「輔治」功能的中國明清方志來，《琉球國舊記》僅能視為一部具有方志雛形的書，與江戶早期的日本風土記、由來記等著作相類，實無重要學術價值可言，對治理地方也助益不大。

---

34. 《琉球國舊記》，卷首〈總目次〉。

35. 《琉球國舊記》，卷2、卷3與卷1〈目錄〉。

七、結　語

在中國方志學的發達史上，清代是繼承宋元以來的大潮流繼續向前進步的，其間雖因文字獄的影響，志書在用字遣詞上略受箝制外，整體的形式與創製的宗旨仍是保存並發揚古風的。日本自江戶幕府建立後，因崇尚中國學問，方志學也為學者所接受，並以《大明一統志》的體式為標準，**㊱** 各地大修志書，先後完成了數以千計的地志，並且有不少是純用漢字寫成的，中國方志對日本當時學界的影響不可謂之不大了。日本學界不但用中國方志的體例編纂日本方志，也用中國的體例製作琉球方志，新井白石開其端，大槻、伊地知等人繼其後，有清一代，日本學者對琉球方志的修纂比中國及琉球本土學者要熱心，出版品也較多，這是一項顯著的事實。中國方志的體例在清代雖有史志體、六曹體、三寶體等等的不同；但是官方常是通令地方以圖經變體編修地志的，因為這種「因事立目」的體例簡單明確，便於纂輯與參考，日本學界也多仿此一體例，包括《琉球國舊記》也不例外。

此外，宋元以下的中國方志因受傳統中國史學的影響，作

---

36. 黑川道祐，《雍州府志》，卷首〈凡例〉作「……今所編集之《雍州府志》專倣《大明一統志》之例，而標出各門」。又藤堂元甫《三國地志》〈凡例〉也說：「古今地誌，體例不同，及《明一統志》出，此方言地理者，莫不喜模仿，此篇亦爾也。」江戶時期日本學界仿《大明一統志》的體例，由此可見一斑。

家們多以方志為地方史，史有褒貶的社會教育功能，因而方志中強調淑世教、美風俗以及愛鄉愛國的一些內容，以產生所謂的「資治」與「輔治」的政治作用。日本學者也頗得其中真意，甚至青出於藍，這一點在幾種琉球方志中最能看出他們的心意與目的，也最能表現出他們對政治工作的成果輝煌。

　　總之，日本學者從我國的清初到清末，對琉球方志的製作，他們除保存琉球若干地方資料外，在日本兼併琉球的國家大事業上，確曾做出了一定的貢獻。反觀清代學者，幾乎無一重視琉球而提倡為琉球作地方志書的。少數訪問琉球的冊封使節與從客，除周煌作了《琉球國志略》，強化中國的宗主權之外，其餘的人多只寫《使琉球錄》一類的文章，記其個人觀感與琉球本地雜事，汪楫、徐葆光、李鼎元等人，雖記述較多較詳，但也僅及表面，極少談到日本侵占琉球的企圖與史實的，都只在詩畫遣興、餐筵酬酢或是一些有關鄉愁旅況、杯影燈花情景中炫耀其文字之美罷了，不能不說是一種憾事。

捌、

琉球久米系族譜研究

琉球王國時代，世家大族修纂的族譜為數很多。由於當時修成的族譜在文字與體例上略有不同，而又成書於不同的地區，所以有首里系譜、那霸系譜、泊系譜、久米系譜（以上為本島系）以及宮古、八重山、久米島等系譜（以上為先島系）的區別。本文僅就與中國移民關係密切的久米系譜作一探究，以明瞭中國譜牒文化對琉球部分古族譜製作的影響。

在敘述久米系譜與中國文化的關係之前，應該先對久米村人與華人的關係作一考察。一般說法，久米村的人都是中國移民，也就中國人的後裔；但是根據現存琉球族譜資料，我們可以看出：久米村人從明朝初年以來，經過枝分派衍的歷史變遷，到清朝初年的三百年間，諸姓宗族確已產生過分化與重整的事實，甚至有「族不甚蕃」變為「人湮裔盡」的。所幸明末嘉靖、萬曆與清初順治、康熙時在政府有意安排下，作了兩次大規模的宗族整合，使唐榮久米村人又呈現了生機；但也使宗族與血統有了混亂的現象。

清朝康熙年間，琉球國王下令士族修譜，久米系譜究竟修成了多少種，目前無法確知；不過清末日本人曾在琉球收集過文獻，據調查所得久米系譜有一百三十多種。第二次世界大戰期間，由於燬損於戰火中的很多，戰後那霸市編纂族譜時僅得六十種，為數已不足半數了。就現存的資料看，久米宗族的整合可分為四種類型：

㈠由中國血統的宗族構成的姓氏，如鄭義才、金瑛、紅英、陳康、王立思、阮明、毛國鼎、楊明州等八姓的子孫，他們當

中有人是明初三十六姓成員，也有是明末才「賜宅於唐榮，以補三十六姓」的。

　　㈡由中國血統與琉球血統的宗族合成的姓氏，如蔡崇、蔡添、林喜等三姓的子孫，他們的始遷祖都是來自中國大陸；但到明末或清初，有些琉球血統的人，因為「能通華語，知禮數」，琉王便讓他們「入唐榮，遂與姓蔡氏」或林氏了。

　　㈢以琉球血統承繼華人宗祧的姓氏，如程復一族的子孫到明末「弗嗣」了，清初順治年間，琉王便以琉球官員（相信是通華語的）「虞姓補之」，承祧程氏。

　　㈣非中國血統組成的姓氏，如周國盛、孫自昌、曾志美、魏士哲、李榮生等人，他們原是琉球人，但都「通漢語，擅文章」，在明末清初「奉王命入唐榮」，以補三十六姓之缺的。[1]

　　據上可知：琉球王國時代，居住久米村（一作唐榮或唐營）的人，雖然最初都是中國移民；但是後來因為有些人家人丁不旺，或是「漸至弗嗣」，便有若干琉球人入居是土了。然而在血統上縱有中琉之別，他們能通華語，擅文章卻是一致的專長。因此久米系的族譜也是不同於其他琉球地區早年的族譜，它們與中國族譜的關係必然最密切，這是毋庸置疑的。

一、久米系族譜修製時間蠡測

　　琉球士族修製族譜確是開始於尚貞王十八年（清康熙二十八

1.請參看楊國楨，〈琉球家譜與中華文化的流播〉（1989 年 4 月 6～9 日香港大學主辦《亞太地區地方資料國際學術研討會論文》）。

年，1689），琉球史書中記：

> 王命尚弘德……始授御系圖奉行職，而始令群臣各修家譜，
> 已謄寫二部，以備上覽。其一部藏御系圖座，一部押御朱印
> 以為頒賜，各為傳家之至寶。**2**

不過，琉球王室與久米村的華人似乎在這之前就有修家譜的事
實了，如琉球尚質王三年（清順治七年，1650）王室首先編製了
《琉球世鑑》一書，《球陽》卷 6 中寫道：

> 本國素無□王世譜，□王命尚象賢……旁訪父老，博採籍
> 典，……編修琉球世鑑，而中山王世統興廢、政治美惡及昭
> 穆親疏、事業功勳，燦然足遡，昭然足稽，中山世鑑由此而
> 始焉。**3**

可見琉球一地修譜並非完全自尚貞王十八年（清康熙二十八年，
1689）開始，《中山世鑑》早在三十八年前就成書了。同時久米
村人家的族譜著作也有在琉王下令設御系圖座令群臣各修家譜
之前即問世的，以下各事，可為說明：

　㈠久米系譜中有「孫氏家譜」一種，以孫良秀為一世祖，
這一家族是非中國血統的宗族，孫良秀是後來取用的漢字人名，
其人先世的祖籍為日本，明萬曆三十五年 (1607) 才遷居琉球，

2.《球陽》，卷 8，第 551 條，頁 245（東京：球陽研究會編，昭和四十
　九年三月三十日發行）。

3.《球陽》，卷 6，第 319 條，頁 219。

子孫中有比屋久的,「自少習漢語,好學針譜」,在清順治二年,「奉命入唐榮,補三十六姓之乏缺,賜姓孫氏」。這位原名比屋久的乃改名孫自昌了,祖先與子孫也以孫為姓了。孫自昌為「定昭穆,序長幼」而修譜,並請當時琉球漢學界聞人程順則代為作序,程順則撰成譜序的時間是「康熙二十六年歲次丁卯仲春吉旦」,顯然族譜的編成應略早於康熙二十六年 (1687) 或者最晚是康熙二十六年完成,可見孫氏家譜並非應御系圖座之命而修的 , 也足證久米系譜有早於一般琉球士族之家譜書修成的實例。**4**

㈡久米系譜中又有〈蔡氏家譜〉一種,以蔡崇為一世祖,這部蔡氏家譜卷首有〈敘中山蔡氏世系圖〉一篇 , 文中云:「……中山僻處海陬,與余隔壤,往來觀京國使多俊秀聰穎可人,非他藩所及,余心竊異之。今上御極七年,歲當納款,使至,念亭蔡公,會余於春官署,一時言詞豐裁,絢爛奪目,又國中之尤者,樽□之暇,出系記以示余,展閱之,始憬然曰:先生乃閩人也哉!身雖殊域,溯源流若此,子孫萬億,咸余中原桑梓之苗,此當代直以四海為家耳。」這篇序言的作者是「福建長樂榜眼陳全」,他寫序的時間是「崇禎甲戌」,甲戌是西元1634 年,崇禎七年,由此也可證蔡家在明代也是修纂過世系圖一類譜書資料的。**5**

4.詳見〈孫氏家譜〉(安座間家),卷首譜序及元祖良秀、二世自昌等人紀錄(《那霸市史》,〈資料篇〉、家譜資料,頁 415–416,那霸市企畫部市史編集室印行,昭和五十五年,那霸市)。

　㈢久米系譜〈吳江梁氏家譜〉序文中記:「……考唐榮吳江非中山舊名,蓋三十六姓自中華而榮,故曰唐榮。唐榮因梁氏由吳航始遷,故曰吳江,皆不忘其祖而稱也。雖然歷年已久,文獻無已足徵,惟環峯祖以下,悉皆家有神主所祀,而以上之遠祖,不知是何名氏,訪之不及而譜莫作也。」 **6** 又〈蔡氏家譜抄〉中有〈蔡家創建祠堂緣由〉一則,也說明該族於明成化八年 (1472)「卜地於唐榮東北之間,自行捐資,創建祠堂,以奉蔡家神主,著為定規」。另外以蔡崇為一世祖的〈蔡氏家譜〉中還畫了蔡氏祠宅圖,並說明「共計園地伍佰捌拾坪柒合一夕,山林八百二十三坪八合,前小山三十三坪五合八夕。但恐至於後世而有隣境相侵之病也,故謹記焉」。 **7** 中國家族「祠」與「譜」向來是有關連的,當時的這些久米村華人是否建祠又修譜我們不得而知;不過祠堂中既供奉神主,祖先世系資料顯然是存在的,這也可以說明若干久米系譜的由來必然是早於康熙之世。

　㈣久米系譜〈吳江梁氏家譜〉說:明朝初年奉旨遷居琉球三十六姓中的梁姓一族,「乃閩吳航江田人也,係宋南渡相臣梁克家之後」。福建省的吳航是福州府長樂縣,梁克家是泉州府晉江縣人,後人遷居長樂與其他各地的很多。大陸學者曾經用長樂〈華廈梁氏宗族譜〉與琉球〈吳江梁氏家譜〉互校,發現梁

---

5. 那霸資料〈蔡氏家譜〉(儀間家),頁 235。

6. 〈梁氏家譜〉(龜島家),頁 752。

7. 〈蔡氏家譜抄〉(具志頭家),頁 363。

顯（字環峯）、梁添、梁嵩等人都在中琉兩種族譜中出現，記事也有相同處，只是部分年代失真。[8] 由此可見，若干旅琉華人在大陸老家就修製過家譜，有關他們明代先人的世系是確有所本的，這也可以證明久米村人的族譜歷史悠久。

此外《球陽》一書中常見引用各家族譜資料，記述明朝時期琉球一地的若干史事與掌故，其中必然有些是屬於久米系譜的。總之，根據以上各點，我們不難看出：久米系譜的修製時間必有一些是在康熙二十八年以前的。[9]

二、久米系譜的內容

久米系譜一般的內容大約包括如下的幾個部分：紀錄、官爵、勳庸、寵榮、婚嫁等。比較好的則有序文、姓源考、家史雜記、墓冢祠宅圖、藝文等等的。不過大都數前列世系圖，也算井然有序了。現在將有關內容略作詳盡說明如後：

紀錄部分：記某姓幾世祖某某，除名諱外還記童名、字、號。其次有關其人的生卒年月日時辰、葬地也詳加記載。最後則列寫其父、母、妻、繼室、子、女人名。如果子女中有與名門望族聯姻的，也加以記錄。

官爵部分：記載其人由得功名及累官的階級，實際上是一

---

8. 王連茂，〈泉州與琉球—有關兩地關係史若干問題的調查考證〉（浦添市：浦添市、泉州市友好都市締結紀念學術文化討論會報告書，昭和六十三年），頁 63–64。

9. 《球陽》，第 138、193、194 等條。

份履歷表。

　　勳庸部分：多記其出使中國或日本有關事務，內容詳細得連每次出使的時間、地點及發生大小各事皆書，如因有功受賞等的也記錄在此一部分中。

　　寵榮部分：少數久米村人因功或因特殊際遇受王室封賜，族譜中就利用此一部分記述，有些竟連得銀幾兩、賜御酒若干或米幾石等等，都一一寫出。

　　另外也有專列采地、俸祿部分的；不過這方面的記事不多，更非每個人都有。至於序文、姓源考、家史雜記、墓地圖等，一般家譜中寫記這類文字的也不多。藝文部分則更是寥寥無幾了，而其中兼記中國使臣或其他中國文人著作的，更是難得一見。

　　我們知道：中國族譜的歷史悠久，先秦時代就有譜牒製作的事實了。降至宋代，由於製譜的目的不像魏晉時代專為「入仕途、聯婚姻」之用的，因此宋明以後的中國族譜多以睦族聯宗為主，記事範圍也就大為增多。加上譜學家又想以族譜比擬家史，於是較好的族譜都有敘一族修譜之緣由、得姓始末與族人遷徙的序言；記各時代譜書修纂的凡例；家族繁衍的世系圖表；族人中有官爵與封賞等事的恩榮紀錄；宅里故居的簡圖；祠堂基地的所在；族內名人的傳記與詩文；以及家訓、雜錄等項，內容可謂包羅萬象，堪稱家族史的百科全書。琉球人本來文化不高，原先是「國無史、家無譜」的，[10] 自從明初華人入居以後，「始節音樂、制禮法、改變番俗而致文教同風之盛」。[11]

10. 〈蔡氏家譜〉（儀間家），頁 235。

　　琉球人家修纂族譜，為時很晚，而且修纂的宗旨又與中國宋明譜書不盡相同，因此整個琉球族譜的內容也與中國的不完全一樣；不過，就寫記家族大小各事而言，琉球時期的族譜似乎可以視為中國近世族譜的簡略本而已。

　　由於世系圖是說明每一個家族成員之間關係的文獻，中琉譜家都把它視為族譜的重要內容。中國在唐代以前，世系常用線條的圖來表示，包括《史記》中的〈三代世表〉也是由「旁行斜上」的線條組成的。宋代以後，譜圖的格式，由於專家的研究改進結果，有了創新的改變，發明了幾種新形式，如歐陽修的歐陽氏圖譜法，他不主張妄測遠祖，應該「斷自可見之世」，以為高祖下至五世玄孫，別自為世，「凡遠者疏者略之，近者親者詳之」，因此譜圖以五世為限，五世以後，格盡別起，這就是我們常見的一頁畫成五格的世系圖表。與歐陽修同時代的另一位大學者蘇洵，他發明的世系表圖雖然與歐陽修的相似，都是由《史記》〈三代世表〉演變而來；不過蘇體本來只列世代人名，人名之間並無豎線直線相串聯，因此乍看起來，蘇體是上下直行，而歐陽體是橫行的，其實兩家的圖表都是由右向左旁行斜上的。後人採用蘇體為醒目起見，在蘇體人名間加上橫線連貫，而使蘇體有著直下分支的形狀。金元之際，一度流行一種寶塔式的圖表，由於豎線永遠在直線中央，世代多時，常受篇幅限制，而人名邊旁寫注的地方不多，所以明清族譜中採用此一形式的不多。還有一種叫牒記式的世系表，即按世代分

11.《球陽》，卷1，第46條，頁162。

別以文字敘述先人的事蹟，不用任何線條，也不需顧慮篇幅，只以文字將先人的名號、功名、官爵、生卒時間、妻妾子女名字、生辰葬地等簡略記出，這種簡歷表形式實際上相當於早年歐陽修世系圖後附的傳略部分，由於此一牒記式世系圖表形式固定、次序分明，又節省紙張，因此清代不少人家修譜時採用此法。

在我們了解中國族譜中世系圖的內容與發展情形以後，現在我們再來看看琉球早年的譜書中的世系圖，便很容易了解其源流了。現存的五十多種久米系譜（實際上其本島系與先島系的也有同樣的情形），絕大多數是用類似牒記式來記述他們各家先人的事蹟，而世系簡表則採用寶塔式的為多，且以五世為準，由於各代人名旁邊不附注任何文字，所以不受紙張限制，可以連續開列出十幾代的。總之，琉球久米系譜的世系圖也好，或是一般的內容也好，實在都脫胎於中國的族譜，似乎少見有新創的。

三、久米系譜的修製目的

從中國族譜學的發展史來看，先秦時代的族譜是為「奠繫世，辨昭穆」而修的，實際上當時因行封建制度，宗族血統必需分明，嫡庶關係必需釐清，政治地位的傳承才不會發生問題，所以司馬遷才把譜牒比喻為周代的經國大典。然而秦代廢封建以後，族譜的實用價值也隨之改變，大約自漢至唐，修譜多為光耀門第且藉以證明家世身分，作為「入仕途、聯婚姻」之用

的，因此當時的族譜特重「辨姓氏、聯婚姻、明官爵」諸事。
宋代以後，一方面由於考試制度的嚴格執行，同時學者們也大
倡倫理道德，修譜的宗旨又有了新的改變，多以尊祖敬宗、恤
族睦族以及崇厚風俗等為主題。南宋元初，又有一些譜學家採
用正史義例來修族譜，強調「家之有譜，猶國之有史」，族譜既
比擬國史，當然修譜的宗旨又放在有助於世道人心等教化功能
上了。這是中國宋明以來族譜學發展的一般大潮流、大趨勢。

　　琉球人家修譜，多數是在清康熙二十八年 (1689) 以後遵照
國王命令而製作，當時的修譜目的是為了分別士、農階級，掌
握生產者與非生產者的身分情況以便統治國家，可以說極富政
治性的目的。不過久米系譜，特別是出自一些大宗人家的，似
乎還為著別的目的而修譜，如程順則在〈孫氏家譜序〉中說：

> 家譜之義大矣哉！家之有譜，猶國之有史也。本始必正、遠
> 邇必明、同異必審，定昭穆、序長幼，彰往法來，皆賴乎
> 譜，譜之義大矣哉。故崇孝之道，莫急於尊親，尊親莫大於
> 合族，合族莫先於修譜，譜修然後本始正、遠邇明、同異
> 審。修譜然後昭穆定，長幼序，往彰來法而族始稱。**⑫**

阮璋為〈阮氏家譜〉作序時則說：

> 家之有譜與國之史、郡之誌同不朽也。但修之於子姓蕃衍之
> 時者難，而作之於分枝啟緒之日者尤不易。猶之觀水者必窮

12.〈孫氏家譜〉（安座間家），頁 415。

其源，樹木者必探其本。源與本之不立，譜奚以作哉？……
今王恭膺冊封，世襲爵土，令陪臣各修家譜，以備核實，故
阮氏譜成獻之譜司，俾知不忘水源木本之思，不特可以承
家，抑且可以報國，阮氏從此不祧矣。**⑬**

蔡炳作〈蔡氏家譜〉序時也稱：

家譜何為而作也？欲著世系，辨昭穆，使祖宗功德永垂無窮
而作也，然則譜之為義大哉！**⑭**

康熙二十九年紅自煥序〈紅氏家譜〉時同樣稱說：

宇宙間凡物各無不有本，而事皆無不有始，故萬物本乎天，
而人本乎祖。自昔國之史、家之譜、日星河洛輿圖之載，世
系昭穆宗族之傳並設，以誌示不忘本始也。**⑮**

鄭職良則敘述得更詳盡深入，他的文字值得一讀：

家之有譜，猶國之有史，所以昭信紀實，重本篤親，使後世
子孫不敢忘祖考之所自出也。蓋支分派衍之間，系序易淆；
歲月更移之後，功烈難顯，非筆之於譜以垂後世，將數世以
還茫然不知祖考所自出、事業所創始，或相視如秦越焉。故
家譜之作於蕃衍之日者誠亟，而作於啟緒之時者尤不容緩

13.〈阮氏家譜〉（雙宮城家），頁 152。

14.〈蔡氏家譜〉（儀間家），頁 235。

15.〈紅氏家譜〉（和宇慶家），頁 196。

也。……今若莫修家譜，不合族姓，必數傳之後，系序混淆，且不知祖考所自，事業所創，竟致同源子孫相視如秦越焉，是則自然之勢也。蓋族姓之始，歡然一父之子也。久之而親者疎矣，又久之而疎者遠矣，故蘇洵之族譜引曰：親盡無服則途人也。一人之身分而至途人者勢無如何也，幸其未至於途人也，使無至於忽忘焉可也。況今有王命令世臣各修家譜，以考正世系，豈非教孝悌之義也歟？[16]

由上舉數例可知琉球修製家譜之初，頗受中國宋明以來譜學影響，多以家譜與方志、國史並稱，而且以敬宗收族為修譜宗旨，甚至蘇洵的理論也引以為據，其與中國譜學之關係，可謂至深至遠。

琉王下令士族修譜後四十年，即清雍正七年 (1729) 時，蔡溫在修他自家族譜作序文時仍說：

百世而系序弗失者，譜紀之力也。一族而情意弗離者，禮俗之力也。是故君子有家之道，莫大乎明譜紀、正禮俗焉。蓋夫族氏其初兄弟也，兄弟其初一人之身也，而後支分派衍，綿綿延延，至於無服；無服則易忘；易忘則喜不慶、憂不弔；喜不慶、憂不弔則至於相視如路人。一人之身，分而至於如路人者，勢雖使然，實是譜紀不明、禮俗不正之所致也。故曰有家之道，莫大乎明譜紀、正禮俗焉。……吾今反覆思之，悲嘆如湧，願夫後世之觀吾譜者，油然以生忠孝之

心，肅然以興禮讓之風，上報國恩，下重祖宗，永守族氏親
愛之俗，克保累世忠烈之業，是誠溫之所深望也。**17**

雍正八年 (1730) 久米村魏氏裔孫魏士哲也寫道：

> 夫譜也者，一家之寶鑑也，是故修之光宗業，載之明系序，
> 所以傳百世者，雖譜力之所係，實在於人心之所盡矣。夫勤
> 心力、篤親屬、尊禮情、立功業，則喜憂與行；喜憂與行，
> 則相見不忘；相見不忘，則一家為一身；一家至於為一身，
> 則家道莫不備矣。……吾反覆思之，皆出於祖宗一人之身，
> 而支別派分為大宗小宗，固無親疏，則是一氣之骨肉也，必
> 當切木本水源之念，而盡仁義忠孝之道矣。**18**

以上二序，還都是立說於蘇洵譜論。宋明中國譜學影響，真可
謂畢宣於琉球家譜之中了。甚至到乾嘉之世，琉球修譜目的似
乎仍以敬宗睦族為依歸，毛維基在乾隆十二年 (1747) 所作譜序
中有如此的語句：

> ……吾竊思之，蓋族氏其初一人之子、一祖之孫也，而後支
> 分派衍，綿綿延延，竟不免乎情意各離，家俗各異，而損本
> 源之德矣。願為孫子者深省祖宗之業，能勵忠孝之風，上報
> 國恩，下輔祖德，此誠吾深望也。**19**

---

17. 〈蔡氏家譜抄〉（具志頭家），頁 362。
18. 〈魏氏家譜〉（慶佐次家），頁 23。
19. 〈毛氏家譜〉（與世山家），頁 705。

嘉慶以後成書的〈小宗梁氏家譜〉中也表示了久米村梁氏後人修譜時的心聲，梁氏十三世孫梁光地說：

> ……（立譜）蓋將以□推明宗姓之本，甄別人品異，辨親疎功緦之服，序昭穆長幼大小之倫，示子孫□屬之所自出，故有屢書特書，依史氏年表而為之者，□大宗小宗倣周禮而為之者，例不同而其義一也，由此觀之，家譜之不可不作也明矣！[20]

綜合以上各家譜序，可證久米系譜極大多數是為敦親睦族與發揚忠孝節義精神而修譜的，完全是依隨中國宋明以後的時代大潮流。至於琉球國內為分別階級製譜並嚴格審查族譜以及加蓋御印等事，在中國也並非未曾發生過，魏晉時期有圖譜局之設，也是專為審核鑑定譜書真偽的，因為當時的族譜就是一家一族的身分證明文件，無論選官與婚嫁都要憑族譜資料定奪，正如十七世紀末年琉球國王命令士族大臣家中修譜相似。

四、久米系譜的書法

族譜是一個家族的紀錄，家族裡的人有尊有卑，有男有女，有親有疏，而他們所作的事有好有壞，還有很多因中國傳統封建與宗法所遺留下的若干問題，如避諱、嫡庶、嗣養、兼祧、繼承等等，使得族譜中的文字有了與他書不同的若干獨特內容，也出現了一些專門的術語。琉球王國時期的久米系譜，基本上

20.〈小宗梁氏家譜〉（上江洲家），頁 788。

是以漢字寫製的，而且都用清朝年號，這些雖已證實其受中國文化影響之深。現在再從以下幾方面作一比較深入的探討：

㈠名稱：現存的琉球王國時代族譜，在名稱上雖有以「姓」與以「氏」為稱的不同；但是絕大多數是以「家譜」名之的，或者因宗法制度而冠以「小宗」字樣，如〈小宗王姓家譜〉、〈小宗金氏家譜〉、〈小宗梁氏家譜〉等；或是以支派命名為〈金氏家譜支流〉、〈鄭氏家譜支流〉一類的，名目可謂不多。如果比起中國宋明以後的家譜名稱來，實在無討論的必要，因為中國自宋代以後，家譜由各家各族自行修纂，名稱不一而足，有人為取名古雅，有人為標新立異，族譜名稱可以說繁多爭勝，指不勝屈，如家譜、族譜、祖譜、宗譜、房譜、支譜、派譜、通譜、大同譜、家乘、世典、淵源錄等等的，可謂俯拾皆是。冠以祖居地名的更是隨處可見，所以像〈吳江梁氏家譜〉一類在中國為數有萬千之多。琉球王室用「世譜」也並非新創，因為自漢代以來，皇家就用「世譜」之名了，所以從族譜的名稱上看，琉球確實直接吸收了中國族譜的文化，這是毋庸置疑的。

㈡行文：中國族譜中常見一些古代專用名詞，如「昭穆」代替行輩，「干支」表示年代，「喬梓」（或喬木）意謂「父子」等等。琉球王國時代譜書中也常見這些術語。另外在久米系譜中也隨時看到用「始祖」、「嫡庶」、「世代」、「支派」、「娶配」、「祠墓」、「生卒」等等一類的傳統中國譜學裡的術語。另外在中國族譜的世系表或傳略中提到族內祖先時，人名之上都加上一個「公」字或「諱」字，以示對先人的禮敬，琉球古族譜中

也同樣的加用「諱」字，可見書法是一致的。

　　(三)善惡：中國傳統族譜中對於族內之人所行之事，常有「春秋為親者諱，厚之至也」的看法，也就是族內祖先好人壞人與好事壞事寫記在技術上常是隱惡揚善的。不過自宋明以降，有些譜家也認為祖先固然是應該尊敬的，但他們所行之事，無論好壞都應該兼記直書無隱才對，因為記好事雖然可以作為後世子孫的行事榜樣，記壞事也可以「貶惡以戒來茲」。尤其到清代考據學興起以後，學者們主張凡事講求徵實，族譜中記家族事務也應求真求實，所以贊成善惡並書。琉球王國久米村人族譜雖多「為親者諱」，記錄祖先的惡行壞事不多；但也有直書事實的。如〈鄭氏家譜〉（池宮城家）記「十二世鄭弼良」條下：

> ……童名金松，號恭橋，行二。順治十四年丁酉八月十六日卯時生，康熙二十五年丙寅二月初五日奉使為進貢在船通事，……在閩時因犯法有罪，康熙三十年辛未四月二十日流於津堅島，本年七月三十日自津堅島走歸本鄉之故，閏七月初七日誅死於我謝兼久。[21]

又如〈陳氏家譜〉（仲本家）「十三世陳志學勛庸」條：

> 乾隆四十六年辛丑八月廿二日，因逆悖父教誨，流罪於宮古島。乾隆五十一年丙午十一月十二日，蒙恩回國。
> 乾隆五十四年己酉四月十八日，因逆悖父教誨，流罪於渡名

---

21. 〈鄭氏家譜〉（池宮城家），頁 578。

喜島。嘉慶三年戊午四月十二日，蒙恩回國。[22]

這種不掩惡的記事並不太多，這可能與東方家庭倫理有關，也未可知。

㈣婦女：中國古代族譜重在別郡望，辨婚姻。婚姻是男女雙方之事，當然女子在族譜中是居於相當重要地位的，尤其女方門第高貴時，經常大書其母家事蹟，魏晉時期猶見特出，這在《世說新語》一書可得明證。然而到北宋以後，歐蘇譜例標榜宗法，所以只書婚姻，不書生女，婦女在譜書中的地位顯然下降。宋元之際，譜學家中有採用史例修譜的，不論生男生女，又多被登錄了。明清時代的族譜多半是：「凡婦人於夫世錄下註明某氏、某鄉、某人之女」，或是「生女必書其嫁與何地、何人之子某某」。不過在寫記的書法上仍有一些值得注意處，如很多族譜不書生女於世系表中。琉球久米系譜對婦女的記事，除與中國明清族譜的情形大體相仿，即婦人在她丈夫的紀錄下註出某氏、某鄉、某人之女以及生女也書寫她們嫁與何族何人以外，另有幾點特殊之處，如：

第一、世系表中登錄出生女名字，並且大都依子女出生序為準，不是重男輕女的先登記男子而後登記女子。以毛國鼎一家二世毛世顯的情形來說，他有六男一女，女兒真牛排行第二，所以在〈毛氏世系總圖〉的「二世」中就寫成：

---

22. 〈陳氏家譜〉（仲本家），頁 501。

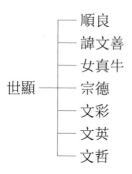

毛世顯的長子宗德生於明崇禎十四年 (1641)，長女真牛生於清順治元年 (1644)，其他諸子都在長女之後出生，以上世系表充分說明是依出生先後排列的。又如〈林氏家譜〉（新垣家）四世林邦法共生子女六人，其世系列表如下：

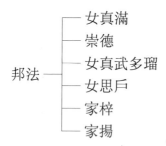

據林氏譜記長女真武多瑠生於乾隆五年 (1740)，次女思戶生於乾隆九年 (1744)，長男崇德生於乾隆十一年 (1746)，其餘子女則生於乾隆十六年 (1751) 至二十四年 (1759) 之間，可見也是依出生序排比的。甚至到清末同治年間，大多數人家世系表都是如此編製的。

　　第二、中國明清族譜有「婦諱不出門」以及重視女子貞節

等事，久米系譜在這方面似乎沒有受到太多道學家的影響。以下幾則例子，可作說明：

〈梁氏家譜〉（上江洲家）「十一世梁世煌三女」條下記：「真武樽，雍正十三年 (1735) 乙卯十二月十一日生，母鄭氏萬及樽，適楊式龍，名嘉地秀才，琴瑟不和，再適程容克名護親雲上。」[23]

同書「十三世梁光地長男維隆」條下又記：「娶毛元珍田里親雲上女真牛，因夫死嫁他家。」[24]

由上可知：久米系譜中對於離婚、改嫁等事都毫無忌諱的照實登錄。

㈤不書：中國宋明以後的族譜有很多家事是不寫記在族譜裡的，如異姓入繼的人不書、逆理亂常的不書、兒童夭折的不書、出為僧道的不書、婦女有辱身虧行的不書等等。琉球族譜中除了嚴禁非長子繼承、禁兄終弟及以及禁異姓養子繼承外，其他的忌諱似乎不多，如前所述，婦女改嫁不為所諱，逆悖父教也照實記錄。兒童夭折的書寫事例也不少，如：

〈蔡氏家譜〉（具志家）「十五世蔡成瑚」條：

童名百歲、字發光，行一。乾隆二十九年甲申三月十七日丑時生，乾隆三十二年丁亥正月初八日殤，享年四歲。[25]

23. 〈小宗梁氏家譜〉（上江洲家），頁 792。
24. 〈小宗梁氏家譜〉（上江洲家），頁 794。
25. 〈蔡氏家譜〉（具志家），頁 319。

又如〈紅氏家譜〉（和宇慶家）「十三世紅居寬」條：

> 童名思武志，字而票，行一。乾隆九年甲子十月初十日午時
> 生，乾隆十五年庚午正月二十九日死，享年七歲。㉖

他如〈金氏家譜〉（多嘉良家）「十六世金世昌其人」條下：

> 四女武樽金，道光三十年庚戌六月十七日生，咸豐元年辛亥
> 七月十日天，享年二。㉗

出為僧道的也在久米系譜中可以發現，如〈毛氏家譜〉毛世顯
的「五男」條下記：

> 順良，順治十三年丙申十二月二十日生，出家從天久住持賴
> 秀法師為和尚。康熙十二年癸丑十二月初三日死，享年十
> 八，葬於慶蓮寺松厚墓。㉘

中國族譜中「不書」的規定在琉球久米系譜中是不過分講求的。

五、結　語

　　琉球王國自明代初年以後，因為福建三十六姓華人的遷入
久米村居住，中國文化對琉球的影響更加深了，一切典章制度
多有仿效中國的，記錄家事的族譜文化也隨華人入居而傳入。

26.〈紅氏家譜〉（和宇慶家），頁 222。

27.〈金氏家譜〉（多嘉良家），頁 109。

28.〈毛氏家譜〉（與世山家），頁 709。

不過琉球人家普遍修製族譜則是清初康熙二十八年 (1689) 以後的事，而且是為確實調查士族人口與家庭情形而由政府下令纂修的，這是眾所週知的事實。

　　然而久米村畢竟是華人生聚的所在，儘管久米村人後來有宗族整合，滲入琉裔與日裔子孫，但中華文化仍為久米村人的必備條件，因此久米系族譜也與中國族譜最有關係，並受中國文化的影響最深。久米系譜除了全用漢字寫製（除少數重要文件如與日本有關的呈請文、褒揚書以外）與奉清朝正朔等等以外，我們還可以從下面幾點看出中國族譜學對琉球族譜的影響：

　　㈠在琉球政府下令全國士族修製各家族譜之前，有些華人移民家族原本就有了族譜，或者久米村人正如琉球王室一樣在康熙二十八年 (1689) 前就修成了族譜，這是值得一述的事。

　　㈡久米系譜在內容項目方面不出中國族譜的範圍，並無創新之處；而世系表一本歐蘇譜例，標榜宗法，以「五世則遷」為準，實在脫胎於中國族譜，也可以說是中國族譜的縮影本。

　　㈢雖然琉球政府下令修譜是為分別士、農階級，有著政治統治的目的；但是久米系譜仍多強調敬宗合族、睦族恤族，並進而以族譜比擬方志、正史，以「彰往法來」弘揚傳統中國褒貶精神的，實在受了宋明以降中國族譜學發展潮流的趨勢影響。

　　㈣久米系族譜在書法上也多是傳承中國義例的，如用家譜、大宗、小宗等名稱；昭穆、嫡庶、支派、生卒等專門中國譜學詞彙；善惡取決重事實、婦女記事不多等等，都是中國近世族譜的內涵。

㈤琉球久米系族譜中有不少人家刊印了祖先的墓地圖，如魏氏譜（楚南家）、金氏譜（具志堅家）、紅氏譜（和宇慶家）、蔡氏譜（儀間家）等等。也有印出祠宅圖的，如蔡氏譜、曾氏譜等等。這些都是中國族譜的必備內容。

㈥久米系譜也有極少寫出家訓一類文字的，如魏氏譜（慶佐次家）中記：「歷觀世家之盛衰，不勝之憂者五：一曰好酒致弊於譜；二曰好色致弊於譜；三曰耽財致弊於譜；四曰縱氣致弊於譜；五曰失言致弊於譜。若一在於身，則紊譜亡家之基也。汝為子孫者，慎之戒之！」[29] 家訓之學在中國歷史悠久，魏氏譜的這一段訓誡子孫的話，顯然是受中國族譜家訓的影響。

至於琉球族譜中對於婦女的記事，如依出生序登錄世系、照實記載婦女離異、改嫁等事實，確與中國明清族譜不同；不過這一現象可能與琉球王國時代製譜的目的有關，因為當時是為分別身分而修士族家譜的，女子如果出自高貴門第或是嫁到高貴門第，當然就特意要記錄了，正如中國魏晉南北朝時代，族譜裡對婦女的記述也很多，如有書母親的，書母親敘及其父的，書寫母親名字的，書寫姊妹的，書寫妻子及繼室並名字的，也有書寫離異改嫁等等的，婦女敘事之多以及婦女在族譜中的地位絕不亞於日後的琉球譜。魏晉中國族譜之所以重視婦女，當然是與當時的時代環境有關，在講求門第的魏晉，在做官與婚嫁都重家世背景的當日，婦女（尤其是高貴人家的）在其中扮演角色是極端重要的，她們的事跡也因而不能不記。中國宋

29.〈魏氏家譜〉，頁 23。

明以後，由於理學發達，而族譜也失掉了世家證明文件的實用價值，婦女地位便在族譜中降低了。琉球族譜是為別士庶修纂的，重視各族家世背景，重外家是必然的事了。

中國族譜自清代以後也有記載出為僧道、夭折以及女子改適等例子的，只是不太普遍，這一點也與琉球族譜略有不同；不過只是程度上的問題。況且任何一種文化的影響另一種文化，並非百分之百仿效，而常因個別傳統習俗與國情有所採用或排斥，都會有或多或少的改變，中國族譜學在琉球的傳布似乎也有類似的情形。

青出於藍：一窺雍正帝王術

陳捷先／著

清代帝王硃批奏摺，是為了向臣子發布命令、傳達信息，所以康熙說「朕，知道了」，但雍正不僅只於此。雍正的硃批諭旨其實不只是行政奏章，裡面還有耐人尋味的帝王統御之術，可謂是「青出於藍」啊！想重新認識這位有血有肉的帝王嗎，讓雍正親口說給你聽！

滿清之晨：探看皇朝興起前後

陳捷先／著

努爾哈齊是滿清的奠基者，皇太極是滿清的創造者。他們的豐功偉業在官私檔案中皆有可觀的紀錄，卻也留下不少史事啟人疑竇：究竟《三國演義》與滿族的建國大業有無關係？皇太極為何愛哭？皇太極真的會解夢、預言嗎？本書即以史料為憑據，解答上述疑問，同時引領讀者一窺努爾哈齊、皇太極的智慧與權謀。由於努爾哈齊與皇太極在滿洲文字的發明、改良與推廣上著力甚深，因而產生大量的滿文書檔。本書亦就部分滿文書檔進行剖析，使讀者能了解滿文資料的內容與價值，並且認識舊時滿族的生活文化。

透視康熙

陳捷先／著

愛新覺羅‧玄燁是順治皇帝的第三個兒子，他既非皇后所生，亦非血統純正的滿族人，卻因出過天花而得以繼位，成為著名的康熙皇帝。他對內整飭吏治、減輕賦稅、督察河工，年未及三十便平定三藩，為大清帝國立下根基。長久以來，康熙皇帝在各式影劇、小說的詮釋下，傳奇故事不絕於耳，然其內容或與史實有些許出入。本書係以歷史研究為底本，暢談康熙皇帝的外貌、飲食、嗜好、治術和人格特質，不僅通俗可讀，其所揀選分析之史料也值得細細品味。

明清史

陳捷先／著

當過和尚的朱元璋如何擊敗群雄、一統天下？明朝士大夫們各立門戶、互相攻訐，他們在爭論什麼？何以神宗皇帝二十多年不肯上朝理政？順治帝有沒有出家五台山？雍正有沒有改詔奪位？乾隆皇究竟是不是漢人？本書作者憑藉著豐富的學養和深厚的語文造詣，爬梳大量的中外文及滿文史料，澄清不少野史及戲曲中的繆誤傳說。中國歷史悠久綿長，明清兩代是上承帝制下啟共和的重要關鍵時期。作者以深入淺出的筆法，清晰地介紹明清兩朝的建國歷程和典章制度；並以獨到的見解，臧否歷任帝王治績、析論兩朝盛衰之因，值得關心明清史事的人一讀。